Die USA im kollektiven Ausnahmezustand

Frank Mehring
American Studies
Radboud University
Nijmegen, The Netherlands

Hermann Strasser
Institut für Soziologie
Universität Duisburg-Essen
Duisburg, Deutschland

ISBN 978-3-658-51159-3 ISBN 978-3-658-51160-9 (eBook)
https://doi.org/10.1007/978-3-658-51160-9

Die Deutsche Nationalbibliothek verzeichnet diese Publikation in der Deutschen Nationalbibliografie; detaillierte bibliografische Daten sind im Internet über https://portal.dnb.de abrufbar.

Coverabbildung: Günther Zins, „Abwärts." Acrylfarbe, Gips, Bleistift, 1985/2026, Design: deblik Berlin

Springer ist ein Imprint der eingetragenen Gesellschaft Springer Fachmedien Wiesbaden GmbH und ist ein Teil von Springer Nature.
Die Anschrift der Gesellschaft ist: Abraham-Lincoln-Str. 46, 65189 Wiesbaden, Germany

Wenn Sie dieses Produkt entsorgen, geben Sie das Papier bitte zum Recycling.

Frank Mehring • Hermann Strasser

Die USA im kollektiven Ausnahmezustand

Zwischen Amok und Reality-TV

There’s something happening here.
What it is ain’t exactly clear.
There’s a man with a gun over there
A-telling me I got to beware.

For What It’s Worth (1966)
Buffalo Springfield/Stephen Stills

Vorwort

> Es liegt an uns allen, das zu reparieren. Es wird nicht daran liegen, dass jemand kommt und euch rettet. Das wichtigste Amt in dieser Demokratie ist das des Bürgers – der ganz normalen Person, die sagt: Nein, das ist nicht richtig.
>
> Barack Obama, 4. April 2025, Hamilton College

Mit diesen Worten brachte Barack Obama 2025 auf den Punkt, was im Kern demokratischer Selbstbehauptung steht: die aktive Verantwortung der Bürgerinnen und Bürger. Seine Rede richtete sich zwar vornehmlich an eine junge Generation, doch ihre Tragweite reicht weit darüber hinaus. In einer Zeit, in der demokratische Prinzipien unter Druck geraten, Gewalt zunehmend entgrenzt wird und die Grenzen zwischen politischem Spektakel und institutionellem Ernst verschwimmen, drängt sich eine grundlegende Frage auf: Wie lässt sich das verteidigen, was längst nicht mehr selbstverständlich ist – und von wem? Obamas Appell wirkt wie ein politisch-moralischer Kompass in einer Ära, in der demokratische Selbstverständlichkeiten ins Wanken geraten.

Doch zwischen dem demokratischen Anspruch und der gesellschaftlichen Realität klafft eine immer tiefere Lücke. Besonders deutlich zeigt sich diese Diskrepanz im Kontext der Waffengewalt und der zunehmenden Normalisierung extremer Gewalthandlungen.

Ursprünglich wollten wir uns auf die Amokläufe in den Schulen in den USA konzentrieren. Allein 2024 wurden im Land über 400 Massenschießereien verzeichnet, davon mehr als ein Viertel an Schulen. Die Amok-Epidemie hält an. Daher widmen wir uns im zweiten Kapitel eingehend der Amok-Frage und präsentieren dazu fünf zentrale Thesen. Diese Thesen bilden die Überschriften der einzelnen Unterkapitel und werden jeweils durch eine Leitfrage ergänzt, die den inhaltlichen Fokus des Abschnitts verdeutlicht.

Als empirische Beweise ziehen wir jeweils Berichte von Journalisten vor Ort und Studien heran, die nicht unbedingt den aktuellen Stand wiedergeben, aber die Vorkommnisse beispielhaft illustrieren sollen. Wie gesagt, dieses Buch ist zunächst aus den Gedanken zu den Amokläufen der letzten Jahrzehnte entstanden. Aber diese Gedanken haben uns zu der Frage geführt, ob Amerika Amok laufe, die mit der zweiten Präsidentschaft von Donald Trump dann den Bogen zur weiteren Frage spannte, ob sich Amerika in einem kollektiven Ausnahmezustand befinde, in dem Amok und Politik als Medienspektakel zu einer realen Show werden. Und so werden sich viele Leser und Leserinnen fragen, wie wir auch, ob Amok und Koma, eine amoklaufende und zugleich komatöse Gesellschaft, nicht ein und dasselbe seien Schließlich ist Amok gleich Koma, nur andersherum buchstabiert. Darauf wird an späterer Stelle näher eingegangen.

Nach einigen Diskussionen wurde immer deutlicher, dass das Phänomen „Amok" auch als analytische Linse verstanden werden kann, um die gegenwärtige Verfasstheit der US-amerikanischen Gesellschaft – und darüber hinaus – zu untersuchen. Dabei geht es nicht nur um individuelle Gewalttaten oder politische Entgleisungen. Es geht um Muster, Dynamiken und Strukturen, die eine Kultur der Normalisierung von Gewalt begünstigen – rhetorisch, digital und physisch.

„Amok" steht dabei nicht nur für blinde Wut, sondern für einen gesellschaftlichen Zustand, in dem die demokratische Mitte zunehmend erodiert und mit ihr das Vertrauen in gemeinsame Regeln, in die Debattenkultur und in die soziale Kohäsion. Die Vereinigten Staaten dienen als Fallbeispiel, durch das sich globale Tendenzen beobachten lassen, aber auch als Mahnung, wie schnell Gewissheiten ins Wanken geraten können.

Obamas Appell erinnert uns daran, dass Demokratie kein Zustand, sondern eine fortlaufende Aufgabe ist. Dieses Buch versteht sich als Beitrag zu dieser Aufgabe: kritisch, interdisziplinär, engagiert, ohne Anspruch auf abschließende Antworten. Es lädt zur Reflexion ein, es geht ums Verstehen der Rhetorik der Macht, der Gewalt des Alltags und der Rolle, die wir selbst spielen können, wenn wir sagen: Nein, das ist nicht richtig.

Der Blick auf die Vereinigten Staaten erfolgt von außen. Maßstab der Analyse sind die Werte der Demokratie und des Völkerrechts, für die die USA seit dem Ende des Zweiten Weltkriegs, nicht nur in Europa, historisch eingetreten sind, von denen sie jedoch in der politischen Praxis wiederholt abgewichen sind, etwa in Vietnam, im Irak oder gegenüber Venezuela.

Bevor wir ins Detail gehen, möchten wir unserem Künstlerkollegen Martin Goppelsröder für seine künstlerischen Beiträge zum Beginn der einzelnen Kapitel sowie für den nahezu schlussfolgernden Beitrag am Ende unseren aufrichtigen Dank aussprechen. Ebenso danken wir Günther Zins herzlich für das Cover dieses Buches, dessen Bildsprache den thematischen Spannungen und Fragestellungen unserer Argumentation visuell entspricht. Das trifft sowohl für das Cover-Bild als auch für das Original-Bild am Ende des Buches zu.

12. Januar 2026

Frank Mehring
Hermann Strasser

Inhaltsverzeichnis

1

Einleitung

Contents

Einleitend wird der Begriff „Amok“ als analytische Linse vorgestellt, um individuelle Gewalttaten und politische Radikalisierungsprozesse in den USA zu beschreiben und ihn als Signatur einer Gegenwart zu verstehen.

1.1 Amok und die Krise der Demokratie

„Amok“ – ein Wort, das Schrecken verbreitet und zugleich Fragen aufwirft. Ursprünglich aus dem Malaiischen stammend, bezeichnet der Begriff den Zustand eines ekstatischen Rausches, in dem eine Person blindwütig Gewalt ausübt und sich nicht mehr von sozialen Normen oder rechtlichen Grenzen aufhalten lässt.

F. Mehring, H. Strasser, *Die USA im kollektiven Ausnahmezustand*,
https://doi.org/10.1007/978-3-658-51160-9_1

In der modernen westlichen Welt hat sich dieser Begriff in zwei Richtungen ausdifferenziert: Erstens verweist er auf den sogenannten Amoklauf, der in den USA eine fatale kulturelle Relevanz erlangt hat: als Ausdruck individueller Gewalt, oft mit halbautomatischen Waffen, tief eingebettet in eine spezifisch amerikanische Waffenkultur. Zweitens fungiert „Amok" zunehmend als Metapher für politische Entwicklungen, die durch Gesetzesverachtung, institutionellen Autoritarismus und mediale Inszenierung geprägt sind – Entwicklungen, die in der Gegenwart den Charakter eines politischen Amoklaufs angenommen haben. Diese beiden Dimensionen, der individuelle, bewaffnete Amoklauf und der institutionelle Amok in Form politischer Radikalisierung, sind nicht unabhängig voneinander. Vielmehr spiegeln sie miteinander verflochtene Dynamiken wider, in denen Gewalt sowohl als Mittel individueller Durchsetzung als auch als politisches Instrument normalisiert wird. Der Begriff „Amok" dient uns deshalb als analytische Linse, um die Spannungen der US-amerikanischen Gegenwartsgesellschaft zu betrachten: zwischen demokratischen Idealen und deren schleichender Erosion, zwischen Gewaltverherrlichung und Verfassungsbruch, zwischen individueller Verzweiflung und kollektiver Radikalisierung.

In seiner ursprünglichen Bedeutung verweist „Amok" auf ein bestimmtes Gewaltphänomen: den bewaffneten Angriff auf Unschuldige im öffentlichen Raum – in Schulen, Einkaufszentren oder Gotteshäusern. Diese Form der Gewalt hat in den Vereinigten Staaten eine beunruhigende Regelmäßigkeit angenommen und ist tief in die kulturelle Vorstellung vom rebellischen oder enthemmten Einzelgänger eingeschrieben, der durch Waffenbesitz seine Handlungsfähigkeit erwirbt, manchmal auch zurückerobert. Die Verfügbarkeit von Waffen, insbesondere von Sturmgewehren, ist dabei kein Nebenaspekt, sondern Teil einer historisch gewachsenen Waffenkultur, die in das nationale Selbstbild eingebettet ist.

Der US-amerikanische Historiker Richard Slotkin spricht in diesem Zusammenhang von einem kulturellen Mythos der „Regeneration through Violence", also der Vorstellung, dass Gewalt ein legitimes Mittel der Selbst- und Gesellschaftserneuerung sei (Slotkin 1973: 5). Diese Mythologie, so Slotkin, hat ihre Wurzeln im Frontier-Mythos des 19. Jahrhunderts, lebt aber in populärkulturellen Narrativen, politischen Reden und Alltagspraktiken bis heute fort. Auch der Soziologe Charles

Tilly betont, dass Gewalt nicht als irrationaler Ausnahmefall zu betrachten sei, sondern als eine „normale Form kollektiven Handelns“, insbesondere dann, wenn gesellschaftliche Institutionen versagten (Tilly 2003: 20).

Amokläufe sind demnach nicht einfach psychologische Ausreißer, sondern Ausdruck eines tieferliegenden kulturellen Skripts, das individuelle Gewalt als Reaktion auf soziale Ohnmacht legitimiert. In den USA wird diese Dynamik zusätzlich durch eine ökonomische Unsicherheit, gesellschaftliche Fragmentierung und mediale Polarisierung verstärkt – ein Kontext, in dem sich private Verzweiflung leicht in tödliche Aggression verwandelt.

Die zweite Bedeutungsebene des Begriffs „Amok“ verweist auf einen politischen Modus der Machtausübung, der demokratische Prinzipien systematisch unterläuft. Gemeint ist eine Form des institutionellen Kontrollverlusts, bei dem demokratische Spielregeln nicht nur missachtet, sondern aktiv untergraben werden – ein politischer Amoklauf, der sich nicht in physischer Gewalt, sondern in der Erosion von Normen und Institutionen ausdrückt.

Unter dem amtierenden US-amerikanischen Präsidenten Donald Trump gewann dieser Stil eine neue Qualität: Die bewusste Aushöhlung demokratischer Standards avanciert mehr und mehr zum Markenzeichen seiner Amtszeit. Trump inszeniert sich nicht nur als Gegner des sogenannten Establishments, sondern tritt gezielt als Zerstörer der institutionellen Ordnung auf. Besonders deutlich wurde dies in seinen Angriffen auf die

Justiz und Wissenschaft, die Integrität der Medien und die Gewaltenteilung als tragende Säulen der Verfassung.

Der Politikwissenschaftler Steven Levitsky spricht in diesem Zusammenhang von autokratischen Versuchungen, die sich in der schleichenden Demontage demokratischer Institutionen äußerte (Levitsky/Ziblatt 2018: 81). Trumps Weigerung, demokratische Wahlergebnisse anzuerkennen, seine strategische Desinformation sowie die bewusste Delegitimierung von Behörden und Kontrollinstanzen markieren eine Form politischer Eskalation, die man durchaus als Amoklauf bezeichnen kann – ein wütender Angriff auf das Fundament der liberalen Demokratie.

Dabei ist dieser Stil Ausdruck eines tieferliegenden Wandels. Der Historiker Timothy Snyder beschreibt die Ära Trump als Zeitalter der „post-truth politics“, in dem faktenbasierte Argumentation durch mediale Narrative ersetzt werde (Snyder 2018: 113). In dieser neuen politischen Ordnung zählt nicht mehr, was stimmt, sondern was sich durchsetzt – in Talkshows, auf Twitter, in reißerischen Schlagzeilen. Politik wird zur Bühne, Empörung zum Treibstoff und Emotionalisierung zur Strategie.

Zentrales Element dieser Strategie ist der produktive Einsatz von Wut und Empörung – nicht als zu zügelnde Emotionen, sondern als Ressource der Macht. In Trumps Rhetorik wird Empörung nicht beschwichtigt, sondern geschürt; sie wird kanalisiert, mobilisiert, politisch instrumentalisiert. Der politische Amoklauf äußert sich also sowohl in autoritären Maßnahmen, als auch in der bewussten Emotionalisierung des öffentlichen Raums zugunsten eines Führungsstils, der zunächst nicht auf Aushandlung, sondern auf Konfrontation setzt, nach der es vielleicht zu einem Deal kommt.

Die beiden Erscheinungsformen des Amoks – der individuelle, meist bewaffnete Ausbruch unkontrollierter Gewalt und der politische Amoklauf in Form autoritärer Eskalation – sind keine getrennten Phänomene. Vielmehr spiegeln sie zwei Seiten derselben gesellschaftlichen Pathologie wider: den schleichenden Verfall demokratischer Kultur, den „democratic backsliding“. Wo demokratische Normen erodieren, wachsen Aggression und Misstrauen; und wo Gewalt gesellschaftlich normalisiert wird, sinkt die Schwelle zur politischen Radikalisierung.

In dieser doppelten Dynamik entsteht ein gefährlicher Kreislauf. Die Zunahme individueller Gewalttaten, sei es durch School Shooters, Attentäter oder Online-Hasskampagnen, schafft ein Klima der Angst, das autoritäre Stimmen begünstigt, die einfache Lösungen, klare Feindbilder und „starke Führung“ versprechen. Gleichzeitig fördern autoritäre Regierungen durch Polarisierung, eine Rhetorik der Ausgrenzung und den Abbau rechtsstaatlicher Mechanismen jene gesellschaftlichen Spannungen, die weitere Gewaltakte wahrscheinlicher machen. Institutionelle Schwächen und gesellschaftliche Radikalisierung befeuern sich gegenseitig, wie zwei Zahnräder in einem Getriebe der Destabilisierung.

Der politische Amoklauf vollzieht sich somit nicht allein durch institutionellen Machtmissbrauch, sondern durch eine tiefgreifende Veränderung der politischen Kultur. Anstelle von Argument und Kompromiss tritt Affekt und Identität. An die Stelle des Diskurses tritt die Inszenierung. Gewalt – sei es rhetorisch, symbolisch oder physisch – wird als notwendiges Mittel in einem vermeintlichen Überlebenskampf um „unsere Werte", „unsere Identität", „unsere Nation" gesehen.

So verstanden, ist das Phänomen „Amok" nicht nur ein Sicherheitsproblem oder ein Extremfall psychischer Störung. Es ist auch Ausdruck eines größeren Zivilisationsbruchs: der schleichenden Gewöhnung an Gewalt als Mittel der Auseinandersetzung – im Privaten wie im Politischen. Wo Gewalt nicht mehr geächtet, sondern gerechtfertigt, ja heroisiert wird, geraten die Fundamente demokratischen Zusammenlebens ins Wanken.

1.2 Amok als Signatur der Gegenwart

Die Vereinigten Staaten präsentieren sich in der Gegenwart nicht nur als politisch gespaltene Nation, sondern zunehmend als kultureller Brennpunkt einer demokratischen Krise, die weit über ihre Grenzen hinausstrahlt. Die Autoren dieses Buches lesen die USA als Land im Ausnahmezustand – weniger im juristischen Sinne als vielmehr im kulturellen und symbol-politischen Sinne. Der Begriff „Amok" wird dabei zu einer Chiffre für eine doppelte Entgleisung: einerseits für individuelle Gewaltexzesse, die als Symptome gesellschaftlicher Zerrissenheit in Erscheinung treten, andererseits für eine Politik, die sich selbst als permanentes Spektakel inszeniert, um institutionelle Schranken zu umgehen und demokratische Prinzipien auszuhöhlen.

Insbesondere unter Donald Trump hat sich ein Stil des Regierens etabliert, der nicht auf Sachpolitik oder normativer Kohärenz basiert, sondern auf medialer Sichtbarkeit, affektiver Mobilisierung und dramaturgischer Überhöhung. Schon in seiner ersten Amtszeit als Präsident agierte er nicht primär als politischer Gestalter, sondern als Hauptdarsteller einer politischen Show, in der Macht durch Dauerpräsenz, Provokation und Polarisierung performativ hergestellt wurde. In der Welt des

Spektakels, wie sie Guy Debord (1995) bereits für spätkapitalistische Gesellschaften beschrieben hat, werde politische Autorität nicht durch Legitimität oder institutionelle Prozesse vermittelt, sondern durch visuelle Überlegenheit und narrative Kontrolle. Oder wie Tobias Moorstedt (2025) Trumps Vollstrecker-Behörden beschreibt: „Die Social-Media-Manager der Regierung verhalten sich wie die Internettrolle – und verschieben so bewusst die Grenzen des Sag- und Zeigbaren." So werde die staatlich durchgesetzte Gewalt zur Normalität und der Zynismus zur Staatsraison.

Trump weiß um die Macht der Kamera und des Clips. Seine Auftritte sind kalkuliert inszenierte Performances, die bewusst auf Konfrontation, Grenzüberschreitung und Empörung zielen. Nicht zufällig sprechen Medienanalysten von einer „Reality-TV-Präsidentschaft", in der das Weiße Haus zur Bühne avanciert, auf der politische Entscheidungen, personelle Entlassungen und internationale Konflikte mit dramaturgischer Wucht aufgeführt werden – oft begleitet von Twitter-, X- und Y-Dramen, medialen Shitstorms oder bewusst gesetzten Soundbites. In dieser Ästhetik der permanenten Erregung wird Politik zum Kampfsport, bei dem es weniger um Lösungen geht als um das Gewinnen der nächsten Schlagzeile.

„Amok" beschreibt in diesem Kontext nicht nur eine chaotische Gewalt, sondern eine Form der Machtdemonstration, die durch Bruch, Regelverweigerung und emotionale Überwältigung operiert. Die Stärke des politischen Amoks liegt in seiner affektiven Wucht, in der Fähigkeit, Angst, Wut und Unsicherheit zu kanalisieren und daraus politische Loyalitäten zu formen. Diese Form von Macht ist weniger deliberativ als theatralisch; sie braucht keine Institutionen, sondern ein Publikum.

Doch was in den USA als mediales Schauspiel begonnen hat, entwickelt sich zunehmend zu einer systemischen Bedrohung. Wenn Macht durch Inszenierung legitimiert wird und politische Realität mit medialer Dramaturgie verschmilzt, geraten die Fundamente der Demokratie ins Wanken. „Fake News", „Lügenpresse", „Deep State" – diese Begriffe markieren nicht nur Misstrauen, sondern werden zu politischen Waffen, mit denen demokratische Kontrollinstanzen systematisch diskreditiert werden.

Der Begriff „Amok“ ist daher mehr als nur eine Beschreibung individueller Eskalation. Er wird zur Signatur einer Zeit, in der Gewalt, Affekt und Inszenierung an die Stelle von Argument, Kompromiss und institutioneller Stabilität kommen. Er ist ein Warnsignal für eine tiefgreifende kulturelle Transformation, in der die liberale Demokratie zur Kulisse einer autoritär aufgeladenen Symbolpolitik zu werden droht. Das wäre nicht die erste Warnung vor dem „Gespenst Amerikas“ gewesen. Vor einem Vierteljahrhundert warnte der Philosoph Dieter Thomä: „Ein Gespenst geht um in Europa: das Gespenst Amerikas. Gemeint sind, genauer gesagt, die Vereinigten Staaten, und die Rede ist von der Amerikanisierung der Alten Welt. Uneins ist man nur darüber, was man davon halten soll. Die einen verweisen besorgt auf *fast food,* Kunst als Kommerz, Politik als Schaugeschäft und auf die *Wall Street* als Weltmacht, die die Reichen reicher und die Armen ärmer macht. Die anderen schwärmen von *high tech* und *shareholder value*; sie können es gar nicht erwarten, die verkrusteten Verhältnisse in Europa aufzubrechen.... Bewunderung und Verachtung lösen sich im Eiltempo ab“ (Thomä 2001: 9).

Diese Dynamik ist längst nicht mehr auf die Vereinigten Staaten beschränkt. Auch in Europa – in Ungarn, Polen, Italien, Frankreich, den Niederlanden und zunehmend auch in Deutschland und Österreich – lassen sich vergleichbare Entwicklungen beobachten. Auch so mancher Auftritt von Rechten in Deutschland und Österreich erinnert an Trump, denn es geht um das Prinzip „Lieber unerhört als ungehört“. So betitelte die inzwischen rechtslastige Fürstin Gloria von Thurn und Taxis (2025) ihr neues Buch. Diese Idee klang schon bei Norbert Hofer an, dem österreichischen Kandidaten der rechtsgerichteten FPÖ für die Bundespräsidentschaftswahl 2016, der die Wähler und Wählerinnen wissen ließ: „Sie werden sich wundern, was alles gehen wird.“

Rechtspopulistische Bewegungen folgen demselben Drehbuch: die Erzeugung moralischer Empörung, die gezielte Polarisierung des öffentlichen Raums, die Emotionalisierung des politischen Diskurses und die permanente Mobilisierung gegen ein vermeintlich dekadentes Establishment. Auch hier ist es weniger die Gewalt selbst als deren mediale Darstellung, die Macht produziert – Bilder von „Grenzschutz“, „Krise“, „Volksverrat“ und „Patrioten“ ersetzen politische Programme.

Das vorliegende Buch greift diese Entwicklungen auf, indem es von der US-amerikanischen Situation ausgeht, um transnationale Parallelen, mediale Dynamiken und kulturelle Gewaltmuster zu untersuchen. Der „Amok" – in all seinen Erscheinungsformen – steht dabei für die radikale Aufladung des Politischen mit Affekt, Spektakel und Kontrolle. Er ist keine Episode, sondern eine Signatur der Gegenwart, der Ausdruck einer krisenhaften Moderne, in der sich die Grenzen zwischen Realität und Inszenierung, Demokratie und Autoritarismus zunehmend verwischen.

Als Autoren verfolgen wir eine kritische Annäherung an dieses vielschichtige Phänomen aus einer doppelten Perspektive: Einerseits wird ein soziologisch-gesellschaftstheoretischer Zugang verfolgt, der strukturelle Spannungen, institutionelle Erosionen und politische Radikalisierungsprozesse analysiert. Andererseits wird diese Perspektive durch einen medien- und kulturwissenschaftlichen Zugriff ergänzt, der insbesondere die Rolle von Narrativen, Bildern und Inszenierungsformen im Kontext des politischen Spektakels in den Fokus rückt. Gemeinsam eröffnen wir ein interdisziplinäres Panorama, das die gesellschaftliche wie kulturelle Brisanz des Amok-Begriffs im Zeitalter medialer Überhitzung und demokratischer Fragilität sichtbar macht.

So wird im zweiten Kapitel „Die Waffe als Mythos und Mission" die symbolische und kulturelle Bedeutung von Waffen in der US-amerikanischen Gesellschaft untersucht. Dabei steht die Frage im Vordergrund, wie sich der Mythos bewaffneter Selbstbehauptung historisch herausgebildet hat und bis heute das gesellschaftliche Selbstbild prägt, etwa durch die Vorstellung von der „guten Waffe in der Hand des rechtschaffenen Bürgers". Waffenbesitz wird dabei nicht nur als individuelles Recht verteidigt, sondern als moralischer Imperativ inszeniert. Mit anderen Worten, Gewalt wird nicht als Ausnahmezustand, sondern als gesellschaftliche Konstante, als normalisierter Bestandteil sozialer Prozesse verstanden. Darin werden strukturelle Gewaltformen, institutionelle Ohnmachtserfahrungen sowie die ideologische Legitimation von Gewalt in einer Gesellschaft beleuchtet, deren institutionelle Integrationsmechanismen zunehmend versagen. So wird Gewalt auch als kollektives Ausdrucksmittel politischer Frustration sichtbar.

Im dritten Kapitel „Gewalt als ständiger Begleiter“ wird untersucht, wie Gewalt als strukturelles und kulturelles Grundmuster die US-amerikanische Gesellschaft durchzieht – von historischen Mythen bis zu aktuellen politischen Entwicklungen. Dabei wird die Rolle digitaler Medien und globaler Vernetzungen bei der Verbreitung und Inszenierung von Gewalt beleuchtet. Wir gehen darüber hinaus der Frage nach, wie sicherheitspolitische Strategien, Bestrafungsmuster und Masseninhaftierungen die USA zunehmend in eine Gefängnisgesellschaft verwandeln.

Im vierten Kapitel „Von Swifties zu Trumpies: Die affektive Kraft der Musik im MAGA-Spektakel“ wird eine Brücke zwischen Populärkultur und politischem Spektakel geschlagen. Das soll zeigen, wie Musik in Trumps medial inszenierter Bewegung als affektive Trägersubstanz politischer Identifikation dient und wie sich daraus eine emotionale Gemeinschaft formiert, deren Loyalität weniger auf rationalem Diskurs als auf ästhetisch-emotionaler Bindung basiert.

Den Abschluss bildet Kap. 5 „Politik als Macht- und Medienspektakel: Das Oval Office als Reality-TV und die Krise der demokratischen Regierungsführung“. Hier geht es um die politische Performanz Donald Trumps im Oval Office als mediales Ereignis. Anhand konkreter Bild- und Sprachanalysen wird gezeigt, wie Politik in ein visuelles Spektakel verwandelt wird, in dem Inszenierung über Substanz triumphiert.

Dieses Buch ist daher als interdisziplinäre Diagnose zu verstehen, als eine kritische Vermessung jener kulturellen und politischen Dynamiken, die demokratische Gesellschaften im 21. Jahrhundert in den Zustand des Amoks treiben (können).

2

Die Waffe als Mythos und Mission

Inhaltsverzeichnis

F. Mehring, H. Strasser, *Die USA im kollektiven Ausnahmezustand*,
https://doi.org/10.1007/978-3-658-51160-9_2

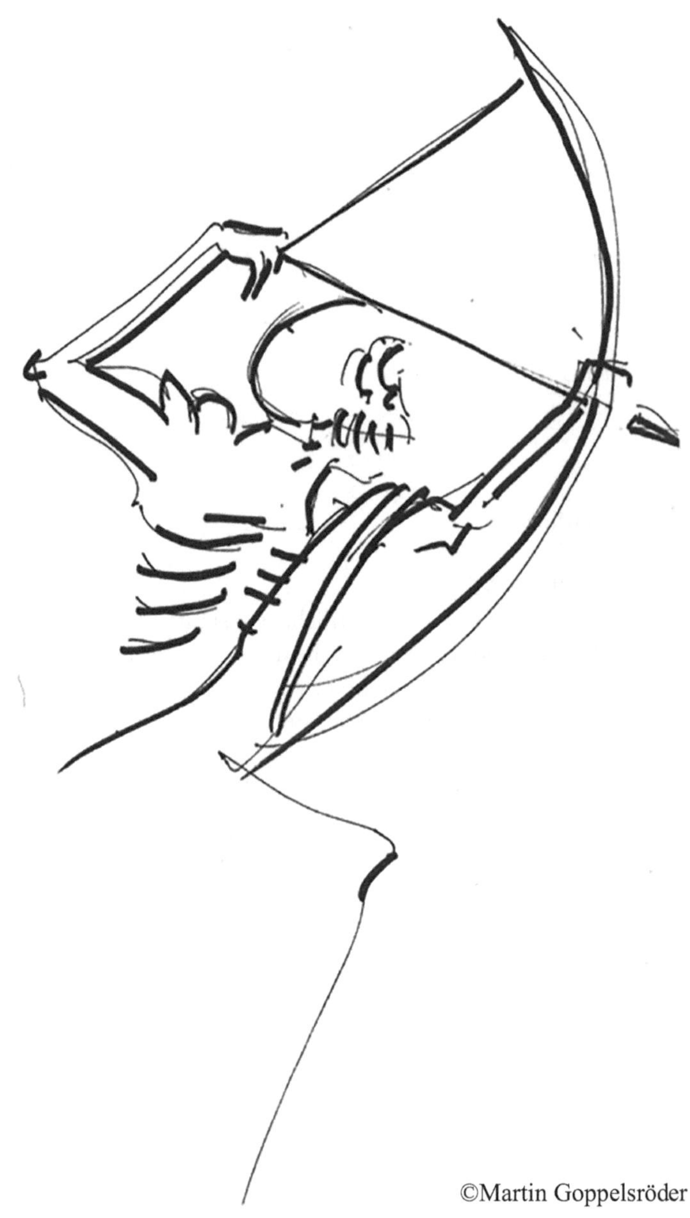

Die Frage, ob Amerika Amok läuft oder beim Amoklauf „America first" sein will, ist gar nicht so abwegig, jedenfalls aktuell und das nicht erst seit Donald Trump auf dem präsidialen Thron. Die jüngsten Ereignisse in den USA in Verbindung mit Polizeigewalt gegen Schwarze geben nicht nur Anlass zur Frage, ob die USA Amok laufen. Es stellt sich auch die Frage, ob der Amoklauf typisch für die USA seien, so wie das der Schriftsteller Philip Roth schon 1967 formulierte. Im Juli 1967 löste nämlich in Newark, New Jersey, ein polizeilicher Übergriff auf einen schwarzen Taxifahrer laute Proteste und schwere Ausschreitungen aus.

Diese Ereignisse aus den 1960er-Jahren, den Jahrzehnten danach und von heute lassen auch die Amokläufe in den Schulen der letzten Jahre in einem neuen, auch rassistischen Licht erscheinen. Damals wie heute waren die USA in Aufruhr, gegen den sowohl Richard Nixon als auch Donald Trump durch „law and order" vorgehen wollten, um beim Wähler und beim Volk anzukommen. Trumps kurzzeitiger Justizminister von 2019/20, William Barr, legte noch eins drauf, indem er von einer Stadtguerilla, die Krieg führe, sprach. Er versuchte damit, der Rassismusdebatte aus dem Weg zu gehen, beförderte aber die „Naturalisierung sozialer Unterschiede" (Rommelspacher 2009: 28).

Natürlich gibt es Amokläufe nicht nur in den USA, wie die Ereignisse vom März 2019 im neuseeländischen Christchurch oder im September 2001 im Schweizerischen Kanton Zug demonstrieren, als ein Mann in den Kantonratssaal läuft und 14 Politiker und Politikerinnen tötet. Auch die Amokläufe von Erfurt 2002, Winnenden 2009, München 2016 und Münster 2018 machten das deutlich. In Deutschland gab es noch viele weitere Vorfälle, die als Amokläufe eingestuft werden können, wenn wir an Bad Reichenhall 1999 und Emsdetten 2006 sowie die Anschläge von Flüchtlingen in Würzburg und Ansbach 2016, die Amokfahrt in Trier 2020 mit fünf Toten und in Volkmarsen am 24. Februar 2020 denken, als Maurice P. mit einem Auto in den Rosenmontagszug raste und 150 Menschen verletzte, viele davon schwer. Oder die Amokschießerei im Hörsaal der Universität Heidelberg 2022 und der Angriff auf die Zeugen Jehovas in Hamburg-Alsterdorf 2023, um nur einige Beispiele herauszugreifen.

Der Amokbegriff stand ursprünglich im Zusammenhang mit Kriegsgeschrei von Kriegern im hinduistischen Indien. Heute versteht man unter Amok eine blindwütige Aggression eines Einzeltäters, auch wenn

z. B. beim Amoklauf an der Columbine High School in Colorado am 20. April 1999 zwei Täter beteiligt waren. Wegen des direkten Bezugs zur Institution werden Amokläufe an Schulen als *School Shooting* bezeichnet. In den USA war in den 1980er-Jahren sogar von *Going Postal* die Rede, als es zu einer Serie von Amokläufen von gestressten Postangestellten gekommen war. Menschen, die im Rausch auf einer Zechtour solche Taten begehen, befinden sich auf einer *Killing Spree.*

2.1 Der enthemmte Amokläufer

Die empirischen Befunde zu den Ursachen der Amokläufe sind immer noch sehr mager, oft zweifelhaft, weil die Täter erschossen werden oder Selbstmord begehen und so eine wichtige Informationsquelle verschwindet. Allerdings, wie schon die Befunde des Landeskriminalamts NRW (2007) belegten, bestimmten Männer mit aggressiven und konfliktvermeidenden Persönlichkeitsmerkmalen den vorherrschenden Typ des Amokläufers. Der Schriftsteller Stefan Zweig verfasste schon 1922 eine Novelle „Der Amokläufer", beeinflusst von Sigmund Freud, die die Geschichte eines Helden von extremer Besessenheit erzählt und auch verfilmt wurde (Zweig 1989). Vor allem sind es meist junge Männer, die in ihrem sozialen Umfeld keinen Ankerplatz finden, nicht selten gemobbt und sich in ihrer Männlichkeit gekränkt fühlen. Wir stellen daher die zentrale Frage: *Handelt es sich dabei um westliche Terroristen?*

Der Amoklauf ist oft verbunden mit einer allmählichen Entwicklung gewalttätiger Fantasien. Auch die Rache spielt als Tatmotiv immer wieder eine Rolle, wie z. B. schon die Auswertung von Zeitungsberichten über Amokläufe zwischen 1993 und 2001 ergeben hat (Schmidtke et al. 2012). Meistens finden diese Taten nicht impulsiv statt, sondern sind geplant und gehen auf psychische Störungen der Täter zurück, auch wenn Studien zeigen, dass nur zwei von zehn Amokläufern psychisch krank gewesen seien. Die Psychologen Herbert Scheithauer und Rebecca Bondü warnen allerdings davor, die Erklärungen von Tätern zu ernst zu nehmen. Denn für eine Tat wie den Amoklauf bedürfe es vieler enthemmender Prozesse (Scheithauer/Bondü 2011: 15).

Vor allem haben die Amokläufe mit „scheinbar wahllosen Angriffen auf mehrere Menschen mit Tötungsabsicht zu tun", wie es im Wikipedia-Eintrag heißt. Scheithauer und Bondü beschreiben das in ihrem Buch *Amoklauf und School Shooting* so: „Bei einem Amoklauf handelt es sich um die (versuchte) Tötung mehrerer Personen durch einen einzelnen, bei der Tat körperlich anwesenden Täter mit (potenziell) tödlichen Waffen innerhalb eines Tatereignisses ohne Abkühlungsperiode, das zumindest teilweise im öffentlichen Raum stattfindet."

Auch wenn das für viele terroristische Anschläge ebenfalls zutrifft, können Terrorismus und Amoklauf nicht gleichgesetzt werden. Terroristische Attacken, nicht zuletzt Selbstmordattentate, hängen eng mit religiösen und politischen Motiven zusammen, meistens in Verbindung mit einer Organisation. In Deutschland gibt es z. B. die Vereinigung „Combat 18", die Terrorzellen „Atomwaffen Division" und „Feuerkrieg Division" sowie die „Gruppe S.", deren „harte[r] Kern" sich aus „Reichsbürgern", Rockern, selbsternannten Germanen und Angehörigen von Bürgerwehren rekrutiert. Sie sehnen den „Tag X" als Bürgerkrieg herbei, ähnlich wie die NSU, indem sie die Devise „Taten statt Worte" ausgeben (Flade et al. 2020).

Anders als die Amokläufer wählen Terroristen ihre Opfer nicht in dem ihnen nahestehenden Umfeld aus. Das Ziel des Amokläufers befindet sich dagegen nicht auf der politischen oder religiösen, sondern auf der persönlichen Ebene. Er sieht sich auch nicht als Freiheitskämpfer wie der Terrorist.

Wie schwierig die Unterscheidung zwischen Amok und Terror manchmal ist, zeigt auch die Amokfahrt von Bottrop in Nordrhein-Westfalen im Dezember 2018. Angesichts der Hasstiraden gegen Ausländer („Kanaken", „Schwarzfüße") und die gezielte Jagd auf Ausländer wurde sie vom Rechtsextremismus-Experten Florian Hartmann als Terroranschlag von rechts eingestuft. Die Bundesanwaltschaft in Karlsruhe nahm sich der Sache nicht an, offenbar weil es sich nicht um einen islamistischen Terrorakt handelte. Der Palästinenser, der am 28. Juli 2017 in einem Edeka-Markt in Hamburg einen Mordanschlag verübte, wurde vom Hanseatischen Oberlandesgericht als Terrorist verurteilt. Der Hamburger Verfassungsschutz kam wiederum zur Auffassung, dass es sich auch um einen Amoklauf handeln könnte. Der Täter habe nämlich „die Religion benutzt, um seine Taten vor sich selbst zu rechtfertigen".

Immer öfter, so die Beobachtung vieler Ermittler, komme es dazu, dass persönliche Frustrationen im letzten Moment mit einer anderen, weil größeren Bedeutung aufgeladen würden. Ganz abgesehen davon, kann der Bottroper Amokfahrer von 2019 sowohl ein Fanatiker als auch ein kranker Mensch gewesen sein. In der Öffentlichkeit ist z. B. in Deutschland so mancher Mord aus der rechtsextremen Neonaziszene als Amoklauf interpretiert und auf die gestörte Persönlichkeit zurückgeführt worden und nicht auf das rassistische und antisemitische Weltbild der Gruppe, der der Mörder angehörte.

Ähnlich wie in Hanau im Februar 2020, hat 1982 der Neonazi Helmut Oxner eine Diskothek in Nürnberg gestürmt, die vor allem von Afroamerikanern besucht wurde, und zwei schwarze US-Bürger getötet und viele schwer verletzt. Während der Tat rief er „Es lebe der Nationalsozialismus!" und auf seinem Sticker in der Tasche stand „Wir sind wieder da". Den Passanten auf der Straße sagte er dann, dass er „nur Türken" erschießen möchte und Deutsche keine Angst haben müssten (Manthe 2020). Heute finden sie im Netz ihresgleichen, ohne von ihrem sozialen Umfeld eingeschränkt zu werden. Persönlichkeitsproblem oder doch Gruppenstrategie?

Die beiden unterschiedlichen Ziele von Terror und Amok scheinen, wie auch dieses Beispiel zeigt, der politisch-religiösen Ideologie und dem persönlichen Umfeld gerecht zu werden. In Zeiten der medialen Zurschaustellung verschmelzen sie in dem Bedürfnis nach Aufmerksamkeit und Anerkennung. In den Vereinigten Staaten gibt es bis heute kein spezielles Gesetz, mit dem inländischer Terrorismus direkt strafbar wäre. Zwar können Behörden Gewalttaten von Extremisten sehr wohl verfolgen, doch geschieht das über allgemeine Straftatbestände wie Mord, Brandstiftung, Waffenbesitz oder Verschwörung. Das hat zur Folge, dass Organisationen wie der Ku-Klux-Klan nicht einfach als „Terrororganisation" verboten werden könnten. Stattdessen mussten sie immer wieder über einzelne Strafverfahren oder zivilrechtliche Klagen geschwächt und teilweise zerschlagen werden. Inzwischen knöpft sich Trump in einem präsidialen Memorandum jede Form von politischer und gesellschaftlicher Opposition als „Linksterrorismus" vor und alles von Sachbeschädigung über Beleidigung von Polizisten bis zum zivilen Ungehorsam umfasst, wie Thomas Zimmer, bis Sommer 2025 Gastprofessor für Internationale Geschichte an der Georgetown University, berichtet (Zimmer 2025).

2.2 Die Waffe als Mission

Wenn man sich die Waffe als Mission vorstellt, führt das unmittelbar zur zentralen Frage: *Sind Amokläufe kulturbezogen oder doch auch situationsbezogen wie etwa während der Pandemie?* Aus psychiatrischer und soziologischer Sicht ergeben sich durchaus ähnliche Auslöser, Abläufe und Opfermerkmale, wie u. a. Lothar Adler in seiner Amokstudie feststellt (Adler 2015). Sie haben offenbar auch mit einer bestimmten Lebensweise zu tun.

Fragt man Menschen, was für sie typisch für die USA, Deutschland und Russland sei, dann erhält man meistens die Antwort: Autos für Deutschland, Wodka für Russland und Waffen für die USA. Der erste Aufenthalt von Hermann Strasser Ende der 1960er-Jahre in den USA vermittelte ihm den Eindruck, dass es nicht die Waffen, sondern die Klimaanlagen wären. Deutschland ist Autoland, auch der Großteil der Patentanmeldungen in Deutschland stammt aus der Automobilindustrie. Die Deutschen bauen Autos, und nicht nur die Verkehrsminister aus dem CSU-Land sind gegen die Begrenzung von Geschwindigkeiten und Abgaswerten, ganz abgesehen davon, dass die deutschen Autobahnen von ausländischen Nutzern bezahlt werden sollten, wie der frühere Bundesverkehrsminister Andreas Scheuer damals argumentierte. Nicht ohne Grund hört man immer wieder den Spruch: „Freie Fahrt für freie Bürger“. Als Elias Canettis Buch *Masse und Macht* 1960 erschien, war noch vom deutschen Symbol des Waldes die Rede. Als Jahrzehnte später das Waldsterben beklagt wurde, empörte sich so mancher Autofahrer mit dem Aufkleber „Mein Auto fährt auch ohne Wald“.

Wie sehr es den US-Amerikanern auch im Alltag um Waffen geht, zeigt eine angebliche Umfrage zu den Hamsterkäufen inmitten der Corona-Krise: Die Italiener horteten Zigaretten und Grappa, die Franzosen Kondome und Rotwein, die Holländer Haschisch und Käse, die

Schotten Whisky, die Deutschen Klopapier und Mehl und die US-Amerikaner Medikamente und Waffen.

Seit Donald Trump Corona den „chinesischen Virus“ genannt hatte, stieg die Zahl der aus Asien stammenden US-Amerikaner, die Waffen kauften, weil sie beschimpft wurden, als ob sie für die Verbreitung des Virus verantwortlich gewesen wären. Aber nicht nur sie, die Waffenläden erlebten in der Corona-Zeit überall einen Ansturm. Allein im Monat März 2020 wurden in den USA 2,3 Mio. Schusswaffen verkauft – im Vergleich zum Vorjahresmonat 85 % mehr. Im Mai 2020 waren es 1,7 Mio. Schusswaffen, die auf legalem Weg gekauft wurden, 80 % mehr als im Vorjahresmonat. Man hatte offenbar auch Angst vor den Job-Verlierern in der Corona-Pandemie und den Auswirkungen der Anti-Rassismus-Proteste, einmal abgesehen davon, dass in der Corona-Zeit weniger Polizisten auf der Straße waren. So erwartete man auch weitere Steigerungen der Waffenverkäufe (Schmieder 2020a).

So wies die Kriminalstatistik des FBI für 2020 in den USA 21.750 Fälle von Mord und Totschlag aus, 30 % mehr als im Vorjahr. Doppelt so viele wurden verletzt. Das Gun Violence Archive (GVA) zählte noch 2019 3.817 Kinder und Jugendliche unter 18 Jahren, die durch Kugeln getötet oder verletzt wurden. 2020 waren es 5.141, 2021 wurden bereits erheblich mehr Kinder verletzt oder getötet (Wetzel 2021b). Zusammengezählt starben im Jahr 2021 4.733 Kinder und Jugendliche in den USA an den Folgen von Waffengewalt. Allein im Jahr 2020 starben in den USA mehr Kinder und Jugendliche durch Schusswaffenverletzungen als durch Verkehrsunfälle – Todesursache Nummer eins. In Großstädten wie Philadelphia ist die Zahl der Mordopfer 2020 gegenüber dem Vorjahr von 356 auf 499, also um 40 % gestiegen. Davon wurden 417 erschossen und 1.836 durch Kugeln verwundet, 56 % mehr als 2019. Die Zahlen für 2021 stiegen weiter an. 2021 wurden dort allein über 200 Kinder unter 18 Jahren von Kugeln getroffen, von denen über 30 starben (Wetzel 2021b). Unter den Tätern und Opfern des Schusswaffengebrauchs sind vor allem junge schwarze Männer. Nicht nur in Philadelphia der Corona-Zeit, wo vor allem in den Problemvierteln viel Sinn abhandengekommen war, folgten sie der Devise, sich „lieber von der Polizei mit einer illegalen Knarre erwischen lassen, als abgeknallt zu werden“ (Wetzel 2021a).

Die Waffenläden standen auch auf der Liste der Unternehmen, die in der Corona-Zeit nicht geschlossen wurden, „weil sie Grundbedürfnisse sichern" (Wetzel/Zaschke 2020). Der damalige Präsident Joe Biden sprach sogar von einer „Epidemie" in mehreren Richtungen. Unter anderem in Washington, D.C., und Chicago hat die Zunahme von Waffendelikten dazu geführt, den „öffentlichen Gesundheitsnotstand" auszurufen. 2020 und 2021 nahmen auch die Amokläufe zu. Fortsetzung folgte: Nachdem am 14. Mai 2022 ein Schütze in einem Supermarkt in Buffalo im Bundesstaat New York zehn Menschen mit einem Sturmgewehr erschossen und drei weitere schwer verletzt hatte, kam es zehn Tage später in der Robb Elementary School in Uvalde, Texas, zu einem weiteren Massaker. 19 Schulkinder und zwei Lehrerinnen wurden von einem 18-Jährigen erschossen. Er soll auf seine Großmutter geschossen und sie schwer verletzt haben, bevor er mit Schutzweste zur Schule fuhr, wo er auf der Fahrt auch noch einen Unfall verursachte. Die Mordwaffe soll er kurz nach seinem 18. Geburtstag gekauft und zwei Gewehre auch auf Instagram gepostet haben.

Allein 2022 gab es bis Mitte Mai bereits über 200 Amokläufe in den USA. Da konnte auch die emotionale Reaktion von Ex-Präsident Biden nicht ausbleiben: „Als Nation müssen wir uns fragen, wann in Gottes Namen wir der Waffenlobby die Stirn bieten werden." Unter den gesellschaftlichen und politischen Umständen konnte sie wohl kaum etwas bringen. Nicht einmal Trost.

Immer mehr Kinder und Jugendliche sterben durch Waffen, und nach wie vor sterben in den USA vor allem Schwarze durch Waffengewalt. Andererseits sind durch die zunehmende Aufrüstung der privaten Haushalte auch immer mehr Weiße durch Selbstmorde mit Waffen betroffen (Nelles 2021). Die Corona-Pandemie brachte zweifellos viel Stress und führte zu mehr Streit, was aber nur mit dem leichten Zugang zu Waffen und Munition zu einer „tödlichen Mischung" wurde. Viele Eltern reagieren auf die Angst vor Schießereien inzwischen damit, dass sie die Kinder nicht mehr auf die Straße oder in die Schule allein gehen lassen. Auch das ist auf Dauer keine Lösung, wenn man bedenkt, dass dann zu Hause noch mehr Zeit vor dem Bildschirm verbracht wird, was unter anderem zu Depressionen und Gewichtzunahme führt (Wetzel 2021b).

Diese Antworten und die Beispiele aus der Zeit der Corona-Pandemie mögen zwar simplifizierend klingen; ihre Inhalte haben aber mit Lebensgewohnheiten, auch mit Glaubensbekenntnissen von Menschen zu tun, die sie und die Generation vor und nach ihnen begleiten. Auch wenn das Auto das Freiheitsversprechen von damals und für Viele das schlechte Gewissen von heute ist, wird das Autofahren auch im Land der unbegrenzten Möglichkeiten wie der Waffenbesitz als Freiheit des Eigentums verteidigt werden.

2.2.1 Gewalt als gesellschaftliche Konstante

Also, was steckt wirklich hinter den Amokläufen in den USA diesseits und jenseits der Pandemie? Sind solche Gewaltexplosionen ein Zeichen für gesellschaftliche Verwerfungen und Bereitschaft, Frustrationen mit Gewalt zu beantworten? Mit anderen Worten, ist der Amoklauf ein Sinnbild für eine Welt, die im Zeichen von Krieg in Europa, Klimakatastrophen und digitaler Dauerpräsenz in einer entfesselten Welt der Globalisierung zwischen Erschöpfung und Irrsinn schwankt?

Da lohnt es sich, noch einmal auf die früheren Amokläufe in den USA zurückzublicken: Am 14. Dezember 2012 war es an der Sandy Hook Elementary School in Newtown, Connecticut, zu einem Amoklauf gekommen, der 20 Erstklässler und sechs Lehrer in den Tod trieb. Davor hatte der 20-jährige Täter seine Mutter getötet und nach dem Amoklauf auch sich selbst. Nach einer Zählung des Center for Homeland Defense and Security gab es zehn Jahre nach Sandy Hook 387 Vorfälle an Schulen, bei denen eine Schusswaffe zum Einsatz kam. Inzwischen kann man einen Amoklauf-Kalender anlegen und jeden Tag zwei Massenschießereien eintragen. Allein im Jahr 2022 waren es weit über 600 Fälle (Burghardt 2022).

Laut Gun Violence Archive (GVA) fanden in den USA bis 2018 414, 2025 407 Amokläufe („mass shootings") mit vielen Toten und Verletzten statt. Wie schon bei einem Konzert in Las Vegas, in einer Kirche in Texas, in einem Nachtclub in Orlando und in der Grundschule in Connecticut, benutzte auch der 19-jährige Amokläufer am 14. Februar

2018 an der Marjory Stoneman Douglas High School in Parkland, Florida, ein halbautomatisches Sturmgewehr, das für Kampfeinsätze ausgelegt war und 17 Menschen das Leben kostete.

Die Diskussion über die Waffengesetze ist mehr als berechtigt, auch weil man unter Waffen viel mehr als nur eine Pistole oder ein Maschinengewehr in der Hand versteht. Es gibt inzwischen Tausende von Geschichten über Gewalt, Tod und Herrschaft, die Kindern und Jugendlichen über Filme, Comics und andere Medien nahegebracht werden – immer garniert mit Waffen. Die Waffen sind die entscheidenden Mittel zum Zweck, die insbesondere in Filmen, Serien und Computerspielen glorifiziert werden. So auch im Western-Film „Winchester ′73″ aus dem Jahr 1950, in dem neben James Stewart ein Repetiergewehr die Hauptrolle spielt. In dem Videospiel „Call of Duty" kann der Spieler auf ein Waffenarsenal zurückgreifen, das zum Teil bis ins kleinste Detail den militärischen Originalen nachempfunden wurde, um dann mit Soundeffekten in 3-D seine Gegner spektakulär zu töten.

Schon bei kleinen Kindern werden Waffen als Teil des vermeintlich unbedarften Spiels vermarktet. Ein gutes Beispiel ist die Wasserpistole, die 1989 auf den Markt kam. Vor allem die Spritzpistole der Marke „Super Soaker" machte Karriere. Der Job seines Erfinders, Lonnie Johnson, war eigentlich, Waffensysteme für die Air Force zu entwickeln. Mehr als 200 Mio. Stück wurden bis Ende des 2010er Jahrzehnts verkauft. Der „Super Soaker" traf den Nerv bei Kindern wie Erwachsenen und wurde 2015 in die Toy Hall of Fame aufgenommen und heiliggesprochen. Die Pistole schießt über 15 m weit, kann aber aus nächster Nähe zu Gehirnerschütterungen führen. Schon 1992 kam es in Boston zu einer Wasserschlacht, in der eine echte Pistole gezogen wurde und ein Junge starb (Stremmel 2019).

Die Ironie der Waffengeschichte und ihrer Beispiele will es, dass nach den Debatten um Amokläufer und die Polizeigewalt gegen Schwarze in den letzten Jahren die Internetkonzerne Apple, Google, Microsoft & Co das Pistolen-Emoji durch eine grüne Wasserpistole ersetzten, um eine „heile Welt" zu suggerieren, in der finanzielle Interessen natürlich die entscheidende Rolle spielen (Gamperl 2019). Schon der Bürgerkrieg von 1861–1865, in dem die Nord- gegen die Südstaaten kämpften, versetzte die Schwarzen nicht in „The land of the free". Der Norden gewann zwar, aber nicht die Schwarzen, um deren Status als Sklaven Krieg geführt wurde. Im Jahr 2020 sprachen manche in Verbindung mit dem „schwachen starken Mann" namens Corona-Trump vom „failed state" (Schles 2020). Als demokratischer Präsidentschaftskandidat sprach Joe Biden bei seinem Besuch in Kenosha, Wisconsin, von der „Erbsünde dieses Landes", die es zu überwinden gelte: „Die Sklaverei und all die Überreste davon" (Frei 2020). Dazu müsste auch die Ideologie der weißen Überlegenheit, die nicht nur in Denkmälern zementiert ist, auf den Prüfstand kommen, nachdem der Krieg gegen die Sklaverei nicht gewonnen, sondern verloren wurde.

Die „drohende schwarze Rebellion" gehört schon lange zum Verständnis der Geschichte der Vereinigten Staaten. Deshalb sieht Elizabeth Hinton durch die unheilige Allianz von Rassismus, Polizeigewalt und Schwarze Rebellion nicht erst seit „Black Lives Matter" „America on Fire" (Hinton 2021; Schenz 2021). Wie sehr das Echo dieser Vergangenheit immer wieder zu hören ist, demonstriert auch die aktuelle Debatte um die „Critical Race Theory", wie Medien und Politiker von rechts den Antirassismus-Unterricht an US-amerikanischen Schulen bezeichnen und Antirassismus als „Rassismus gegen Weiße" auslegen. So wird Paul Rossi, ein ehemaliger Lehrer an der Grace Church School, die sich normalverdienende Eltern für ihre Kinder nicht leisten können, zitiert: „Der moralisch anfechtbare Status des ‚Unterdrückers' wird, basierend auf der Hautfarbe, dem einen Teil der Schülerschaft zugeordnet, während der andere Teil der Schülerschaft seine moralische Überlegenheit als ‚Unterdrückte' kultiviert" (Jensen 2021: 26).

Für Politiker wie Greg Abbott, den republikanischen Gouverneur von Texas, ist ohnehin klar: „Sklaverei und Rassismus waren Ausrutscher in der Geschichte Amerikas." Und was geschah nach der Rutschpartie? Lars Jensen (2021: 29), der auch die genannte Privatschule besuchte, kommt zu folgendem Schluss: „In jedem Aspekt des Alltags werden Schwarze in den USA benachteiligt. Daran hat auch der Erfolg von Leuten wie Barack Obama, Denzel Washington und Oprah Winfrey nicht viel geändert."

In diese Vorstellungswelten passt auch die Haltung vieler US-Amerikaner, sich in geradezu missionarischer Weise darauf zu versteifen, dass man einerseits Waffen brauche, d. h. Zugang zu ihnen haben müsse, um sich und sein Leben zu verteidigen. Andererseits könne man ohnehin nicht verhindern, dass sich jemand Zugang zu Waffen verschaffe, der solche mörderische Absichten hege. Sogar Obdachlose auf Hawaii, die von Journalisten für ein Interview auf der Straße angesprochen wurden, begrüßten diese sehr direkt mit: „Ich trage eine Waffe" (Schottner 2020: 43). Da stellt sich die Frage, wie es am 6. Januar 2021 überhaupt zur Stürmung des Kapitols kommen konnte – eines Gebäudes, das in der politischen Kultur der Vereinigten Staaten nicht nur den Sitz des Kongresses markiert, sondern auch eine symbolische Verdichtung des *American exceptionalism* darstellt. Unter diesem Begriff versteht man die weit verbreitete Vorstellung, dass die USA von Beginn an eine besondere Rolle in der Geschichte einnähmen: als Modell für Demokratie, Freiheit und Rechtsstaatlichkeit. Vor diesem Hintergrund erscheint der Angriff auf das Kapitol als besonders gravierender Einschnitt, weil er die zentrale Bühne eben jener demokratischen Selbstvergewisserung ins Visier nahm. Barbaren gibt es offenbar auch in den USA, so wie es sie in Rom gegeben hatte, als die Goten Rom verwüsteten und das Weströmische Reich zu Fall kam (Kister 2021).

Deshalb kommt bei US-Amerikanern nach extremen Ereignissen immer der Begriff „strong", „be strong" auf, also „entschlossen", „standhaft", „stark" sein. Nach dem Amoklauf im kalifornischen Thousand Oaks am 7. November 2018, bei dem 13 menschen ums Leben gekommen waren, hieß es dann: *Thousand Oaks Strong* (Schmieder 2018). Und der Gouverneur von Texas, Greg Abbott, verteidigte sogar die neuen Gesetze, die die Kontrolle des Waffenbesitzes weiter lockerten und in Texas unmittelbar nach den Schießereien von Midland und Odessa Ende August 2019 in Kraft getreten sind. Er rechtfertigte sie mit dem Hinweis, „um unsere Gemeinschaft sicherer zu machen". Immerhin kostete dieses Massaker sieben Menschen das Leben, 22 wurden verletzt. Ganz abgesehen davon, wurden allein in diesem Monat August 2019 in den USA 53 Menschen bei Amokläufen getötet – und das nicht nur in El Paso, Texas, und Dayton, Ohio. Es geht hier nicht um einen Unfall oder ein von der Norm abweichendes Verhalten, sondern um Ereignisse und Verhaltensweisen, die Teil der US-amerikanischen Normalität sind.

Auch Trump gilt als Waffennarr. Er ging sogar so weit zu behaupten, ohne die strengen Waffengesetze in Großbritannien und Frankreich wären die Messerattacken in London und der Terroranschlag am 13. November 2015 mit 130 Toten in Paris anders verlaufen. Nur, was heißt hier „anders verlaufen"? So argumentiert auch die National Rifle Association (NRA), der wohl mächtigste Schützenverein der USA: Öfter Schusswaffengebrauch, mehr Waffen! Denn: Nicht Waffen töten Menschen, sondern Menschen! Da stellt sich auch die Frage, warum die Waffe, die der Schauspieler Alec Baldwin am Set des Westerns „Rust" benutzte, scharfe Munition enthalten hatte. Hatte das etwa mit dem Schauspieler oder mit der Waffenmeisterin zu tun?

So gehen auch nach jedem Amoklauf die Verkaufszahlen nach oben. Für die Waffenlobby gibt es daher nur eine Strategie: „Nie einknicken, keine Kompromisse, immer angreifen", wie der damalige USA-Korrespondent der *Süddeutschen Zeitung*, Hubert Wetzel, resümierte (Wetzel 2018d). So folgte auch Präsident Donald Trump in seiner ersten Amtszeit dem Credo: „Der einzige Weg, einen bösen Kerl mit Knarre zu stoppen, ist ein guter Kerl mit Knarre." Und scheute sich nicht, später in seiner Social-Media-Plattform *Truth Social* die Botschaft zu verbreiten: „Glaub' an etwas. Sogar wenn es bedeutet, alles zu opfern." Vielleicht forderte Trump deshalb die rechtsextremen Waffenfanatiker, die „Proud Boys", auf, „bereit zu sein", falls es zu einer Wahlfälschung, also Wahlniederlage, kommen sollte. Eine unklare oder verkürzte Auslegung dieser Aussage führte zu einer Milliardenklage, die die BBC jetzt verkraften muss.

Seine republikanische Kollegin, Marjorie Taylor Greene, inzwischen Abgeordnete des Repräsentantenhauses aus dem Bundesstaat Georgia, setzte noch eins drauf, indem sie einen Überlebenden des Amoklaufs von der Parkland-Schule „als bezahlten Schauspieler" bezeichnete und das in den sozialen Medien veröffentlichte. Dann konnte auch die Wahl im Trump'schen Sinne nur gefälscht sein. Aber wer läuft da Amok? Diese Frage stellte sich sogar der konservative Kommentator Erick Woods Erickson, als er die Abgeordnete Greene als „komplett durchgeknallt" bezeichnete (Cassidy 2021). Kurz danach legte Greene als Trump-Jüngerin und QAnon-Verschwörerin noch eins drauf mit ihrem Wahlslogan „100

Prozent für Schusswaffen, gegen Abtreibung und für Trump". Ihr erster Eintrag in Trumps *Truth Social* lautete daher: „Joe Biden ist nicht Präsident, sondern Donald Trump" (Schmieder 2022a). Inzwischen ist sie zur Kritikerin von Trump geworden. Verrat oder was?

Dazu passt auch der Ausschluss zweier schwarzer Abgeordneter der Demokraten, Justin Jones und Justin Pearson, aus dem Parlament des US-Bundesstaates Tennessee Anfang April 2023. Nachdem bei einem Amoklauf an einer Grundschule in Nashville, Tennessee, Ende März drei Kinder und drei Erwachsene erschossen worden waren, forderten die demokratischen Abgeordneten Justin Jones, Justin J. Pearson und Gloria Johnson im Parlament striktere Waffengesetze. Die Republikaner warfen ihnen vor, durch ihren Protest nicht nur für Unordnung gesorgt, sondern auch das Abgeordnetenhaus unehrenhaft behandelt zu haben. Einige Wochen danach durften sie wieder ins Abgeordnetenhaus zurückkehren, weil Ausschüsse in den Bezirken, in den sie gewählt wurden, in Sondersitzungen beschlossen hatten, die Abgeordneten wieder einzusetzen. Nicht der Zufall, aber die Wirklichkeit wollte es, dass eine weiße Abgeordnete, die auch ausgeschlossen werden sollte, die Abstimmung überstand, wenn auch nur knapp.

Mit anderen Worten: „Der Revolver ist das schnelle Gesetz." Schon für Alexander Hamilton, einer der Gründerväter der Vereinigten Staaten und Rechtsgelehrter, war klar, dass die Rechtsprechung die „schwächste Gewalt" sei. Um es mit den Worten der früheren CIA-Agentin Amaryllis Fox auszudrücken: „Wer eine Waffe trägt, der rechnet damit, dass er sie benutzen wird." Dazu passt auch die Meldung im *Stern* vom 24. Juli 2019, dass eine Frau bei McDonald's im Bundesstaat Georgia kalte Pommes serviert bekommen und vor Wut um sich geschossen habe. Prompt folgte daraufhin der Witz, dass es diese Schießerei nicht gegeben hätte, wenn die Pommes bewaffnet gewesen wären. Da kam sogar der Werbespot des Demokraten Joe Mauchin, der den Jäger- und Kohlestaat West Virginia im Senat vertritt, gut an, in dem er mit einem Jagdgewehr auf das Deckblatt eines von ihm abgelehnten Gesetzes schießt.

Wer sich diesem Gesetz widersetzt, ist nach der NRA ein linker Weichling oder ein europäischer Sozialist. Nach US-amerikanischen Juristen wie Sandy Levinson, der in Texas lehrt, vertrauten Europäer dem Staat mehr und hätten ihn zum Monopolisten legitimer Gewaltanwendung gemacht. Die US-Amerikaner dagegen verstünden sich eher als wehrhafte Demokraten, indem sie mit der Waffe in der Hand gegen einen tyrannischen Mitbürger aufträten, wie der in Princeton lehrende Politikwissenschaftler Jan-Werner Müller die Einstellungen zusammenfasst (Müller 2018). Der Schriftsteller Paul Auster, dessen Großeltern auch Erfahrungen mit Waffen und Tod gemacht haben, spricht in seinem Buch *Bloodbath Nation* sogar von den USA als dem „gewalttätigsten Land der westlichen Welt". Auch wenn Gewalt in der DNA des Landes angelegt sei, sei es nicht die Gewalttradition, sondern der leichte Zugang zu Waffen: „Waffenbesitzer töten, weil sie eine Waffe besitzen, und Selbstmörder erschießen sich, weil sie eine Waffe besitzen" (Auster 2024; Häntzschel 2024).

Mit Gewalt verbunden ist auch so manche Migrationsgeschichte, die in der Netflix-Serie *Yellowstone* zum Neo-Western wird. Dort heißt es an einer Handlungsstelle: „Gewalt sucht diese Familie heim, schon immer, sie folgte uns aus den schottischen Highlands und den Slums von Dublin, sie raffte uns hin auf den Migrantenbooten aus Irland und warf uns an die Strände von New Jersey. Sie verschlang uns auf den Schlachtfeldern des Bürgerkriegs, sie hat uns bis hier her verfolgt, lauert unter Kiefern, in den Flüssen. Und wenn sie uns nicht verfolgt, jagen wir sie. Wir suchen sie." Für Marie Schmidt (2024) ist diese Gewalt ein Fluch: „Ein unendlicher Wiederholungszwang, dem die Gerechten so unterworfen sind wie die Gangster, ununterscheidbar." Der Zirkelschluss, dass wir sie töten, damit sie uns nicht töten, wird an einer Stelle der Serie zur Konstante im Leben: „Wenn du etwas aufbaust, das es sich zu haben lohnt, wird jemand versuchen, es dir zu nehmen."

Wir müssen uns die Frage stellen, ob es auch Teil des moralischen Untergrunds der US-amerikanischen Gesellschaft sei, zwischen Gut und Böse zu unterscheiden. Damit werden politische Konflikte unterminiert. Oder wie Donald Trump vor Gericht demonstriert, als ob er über Recht und Gesetz stünde. Trump hat schon immer das Ressentiment der Weißen bedient und von den Reaktionen auf die „Black Lives Matter"-Proteste profitiert, wie auch der US-amerikanische Historiker David Clay Large (2024a) argumentiert. Für ihn lebe das rassistische Gedankengut der Sklaverei weiter, nicht nur in den Gesetzen, die die Schwarzen diskriminierten, in der Lynchjustiz des Ku-Klux-Klan und den fortgesetzten Feiern des konföderierten Erbes.

Nicht zuletzt sei es Trump gewesen, der die in der Verfassung garantierte Trennung von Kirche und Staat aufgeweicht habe. Dazu kommt die interessenorientierte Berufung von Richtern des Supreme Court, die staatliche Finanzierung von Gebetshäusern und kirchlichen Schulen und die Diskriminierung von Homosexuellen und transgeschlechtlichen Menschen. Die Puritaner, die in Europa aus religiösen Gründen verfolgt wurden, verschrieben sich nach ihrer Ankunft in Neuengland der theokratischen Unterdrückung. Der US-amerikanische Schriftsteller Ocean Vuong (2025: 24) spricht sogar von den USA als einem Land, „das buchstäblich auf Tod gegründet ist“. Einige Angehörige von Milizen, die es seit der Belagerung von 1993 der Siedlung Mount Carmel Center in der Nähe von Waco, Texas, und dem Tod von 76 Mitgliedern der religiösen Kultgemeinschaft der Branch Davidians gibt, beteiligten sich auch am Sturm auf das Kapitol am 6. Januar 2021. Das hat schon die Mormonen-Miliz im Mountain-Meadows-Massaker von 1857 vorgemacht, wo der Führer der Kirche Jesu Christi der Heiligen der Letzten Tage, der Mormonen, Brigham Young, zum Gouverneur des Utah Territory ernannt wurde. Sein Ziel, der Gottesstaat, das verheißene Zion, verfolgte er mit Härte und Grausamkeit, wie die Western-Miniserie „American Primeval“ anschaulich macht. Darin kommt auch der Trapper Isaac zu Wort, der eines Nachts von einem Jungen gefragt wird, ob er keine Angst habe zu sterben, und er antwortet: „Nein, solange es die richtige Art ist“ (Göttler 2025). Auch einige der entfesselten Kapitol-Erstürmer waren mit der Fahne „Appeal to Heaven“ unterwegs und machten Jagd auf Gegner von Heiland Trump (Schindler 2025: 14). Ihre spätere Begnadigung durch ihn war dann nur konsequent.

Der Historiker Large (2024a) macht daher deutlich, „wie effektiv Donald Trump an die verschiedenen Strömungen des Illiberalismus andockt“. Auch Trumps „Schöne Mauer“ habe ihre Vorläufer „in der jüngeren Vergangenheit, in der nativistischen Engstirnigkeit eines Joseph McCarthy, George Wallace oder Pat Buchanan, der eine befestigte Südgrenze und Kulturkriege forderte, um die ‚Seele‘ Amerikas zu retten“. Wenn staatliche Standards abhandenkommen, wird Rechtssicherheit durch politisches Risiko ersetzt, wie das auch bei der Künstlichen Intelligenz der Fall ist, die unreguliert Aufmerksamkeit manipulieren und eine andere Welt schaffen kann. Das bestätigt auch die frühere Mitarbeiterin im Meta-Konzern Alexis Crews (2025) mit deutlichen Worten.

Die US-Amerikaner würden wohl nie das Lied „Wo der Pfeffer wächst" des österreichisch-amerikanischen Komponisten und Kabarettisten Georg Kreisler von 1981 singen, in dem es an einer Stelle heißt: „Zahl' deine Steuer, denn Waffen sind teuer." Schon eher würden sie das Gedicht „We Are the People" des Songwriter und Gitarristen Lou Reed von 1970 wiederholen (Waechter 2019: 32): „We are the people who conceive our destruction and carry it out lawfully." Also: „Wir sind das Volk, das seine Zerstörung ersinnt und diese rechtsgültig ausführt." Und dann noch nachlegen und aus dem Roman *Vom Himmel die Sterne* von Jeannette Walls (2022) aus Prohibitionszeiten zitieren, wo es auf einer Trauerfeier zu einem Streit mit tödlichem Ausgang kommt, den der Herr des County regelt und sagt: „In so einem Fall brauchen wir kein Gerichtsverfahren. Würde die Steuerzahler nur unnötig viel Geld kosten, und die Steuerzahler sind wir."

Das hat auch mit der engen Verbindung zur Tech-Branche zu tun. Denn sie löst ein Problem, das sie selbst geschaffen hat. So werden viele US-Amerikaner zu Hobby-Kriminalisten, indem sie Waffen kaufen und in Überwachungssysteme investieren. So hat Amazon für eine Milliarde Dollar das Haussicherheitstechnik-Unternehmen Ring erworben, das Millionen Sicherheitssysteme in Haushalten installiert. Die Firma Flock Safety verlangt z. B. 2000 Dollar pro Jahr und Kamera, um Verbrechen über Detektivkameras aufzuklären. Wie die Mitglieder der Waffenlobby NRA, verdient die Tech-Branche damit viel Geld (Schmieder 2019a). Auch da gilt die Erst-einmal-machen-Mentalität des Silicon Valley. Die Marketing-Strategie der NRA ist klar: die Waffengewalt als Alltagsrisiko zu akzeptieren und die lügenhafte Verankerung des Rechts auf Waffen in der US-amerikanischen DNA zu stärken. Kein Wunder, dass sich die Zunahme der Massenschießereien auch positiv auf die Waffenlobby und ihr Geschäft auswirkt. Die Schuld wird entweder den geisteskranken Einzeltätern oder den Mobbern zugeschrieben (Jensen 2022).

Im Notfall wehrhaft zu sein, gehört für viele US-Amerikaner zu ihrer Identität, nicht zuletzt von vielen Evangelikalen. Deren protestantische Vorfahren kamen als Verfolgte ins Land und mussten sich als Siedler verteidigen. Nicht nur verteidigen, sie rangen auch den indigenen Völkern durch Waffengewalt Siedlungsraum ab. Damals war eines klar: Unbewaffnete haben geringere Überlebenschancen. Heute gilt längst als Binsenweisheit, die auch von der Forschung seit vielen Jahren bestätigt wird: „Je mehr Waffen es in einem Haushalt, in einer Nachbarschaft, einer Stadt oder einem Staat gibt, desto größer ist die Wahrscheinlichkeit, an Waffengewalt zu sterben“ (Haas 2024). Dazu kommt, dass republikanische Politiker heute zunehmend radikale Versprechen zum Kulturkampf hochstilisieren: neben der Schwulenehe, der Abtreibung und der Migration vor allem den Waffenbesitz.

Das zeigt auch die in den letzten Jahren zunehmende politische Feindseligkeit, wie ein Forschungsteam des Psychologen Kurt Gray von der University of North Carolina, Chapel Hill, in einer Studie bestätigt. Von der Gegenseite würden Zerrbilder amoralischer Dämonen gezeichnet. Darüber hinaus nimmt in den USA auch die Zahl jener Menschen zu, „die Gewalt für ein legitimes Mittel der politischen Auseinandersetzung halten“ (Herrmann 2022). Diese Entmenschlichung der Gegenseite macht Kompromisse immer unwahrscheinlicher.

Der Wilde Westen lässt noch immer grüßen, nicht zuletzt mit der Annahme, dass immer Gewalt drohe und sich der Stärkere mit Gewalt durchsetzen könne. Mit der Idee, dass sich der Stärkere mit Gewalt durchsetzen *solle,* geht auch die US-amerikanische Heldensaga einher, haben doch Scharfschützen viel zur US-amerikanischen Unabhängigkeit beigetragen, indem sie wilde Tiere ebenso verfolgten wie britische und französische Kolonisten. Teil dieser Heldensaga ist daher, seine Familie und seine Freunde zu schützen, indem man andere verletzt oder tötet. Der Wilde Westen sei zu einem mythologischen Ort geworden, „an dem die ‚manifest destiny‘ des auserwählten Volkes der Amerikaner besonders im ausgehenden 19. Jahrhundert zu ihrer Bestimmung gefunden hat“, wie die Schriftstellerin Nathalie Weidenfeld (2022) betont. Daher spiele die Gewalt auch eine spirituelle Rolle, die nicht nur Landerwerb ermögliche oder eine Gemeinschaft stärke, sondern auch eine Reise zu sich selbst, zu einem erneuerten, starken Selbst eröffne. Das habe u. a. Theodore Roosevelt, Präsident der Vereinigten Staaten von 1901 bis 1909, bewiesen, der in seinen jungen Jahren in den Wilden Westen zog und mit seinen „rough riders“ zum Kriegshelden im spanisch-US-amerikanischen Krieg 1898 avancierte und forthin als Mahner gegenüber einer verweichlichten Jugend aufgetreten sei. Auch in Alexander Horwaths aktuellem Dokumentarfilm „Henry Fonda – Präsident der Namenlosen“ spielt das Recht des Stärkeren in den Western-Filmen von Fonda eine zentrale Rolle, die in der Rolle des „schuldig Unschuldigen“, also des Opfers der Klassenjustiz, zum Ausdruck kommt (Vahabzadeh 2024).

Zu dem Schlüsselbegriff „Regeneration through Violence“ zur Analyse der US-amerikanischer Kultur passen auch die Auftritte von Donald Trump als Kriegs- und Rachegott im Wahlkampf 2024, der als Krieger für Gerechtigkeit durch Vergeltung sorgt. Der neue Jesus predigt nicht mehr von den Bergen, sondern von der politischen Bühne. Das haben andere Präsidenten wie Franklin D. Roosevelt und Lyndon B. Johnson schon vorgemacht (Deininger 2024).

Der Wilde Westen steht noch immer für das Misstrauen gegen den Staat und der Selbstbewaffnung. Auch in Karl Mays Roman *Der Schatz im Silbersee* sind die Spuren des US-amerikanischen Weges deutlich erkennbar, dass Recht nicht durch Staatlichkeit von oben, sondern als Gewohnheitsrecht von unten etabliert werde (May 1997). Das sind nicht nur deutsche Fantasien des „Wilden Westens“. Dahinter schwingen auch Gegenwartsfantasien mit, in denen sich das Recht des Stärkeren mit dem technologischen Fortschritt verbindet, wie die futuristischen Elemente der MAGA-Idee – von schnellen Autos (Tesla) und Bahnen (Hyperloop) über Eroberung des Weltalls (Space-X) bis zum digitalisierten Menschenhirn (Neuralink) – aufzeigen. Sie nehmen nicht zuletzt Trumps Chancen ins Visier, „den Wandel von innen heraus voranzutreiben“, also die Gegenwart zu zertrümmern, und eine neue Weltordnung zu schaffen, die „Amerikas globale Vorherrschaft sichert“, wie die Historiker Lukas Paul Schmelter und Joseph de Weck (2025) argumentieren. Dieser MAGA-Futurismus sei daher nicht ein politisches Programm, sondern „ein Empfinden, an vorderster Front des Fortschritts zu sein“.

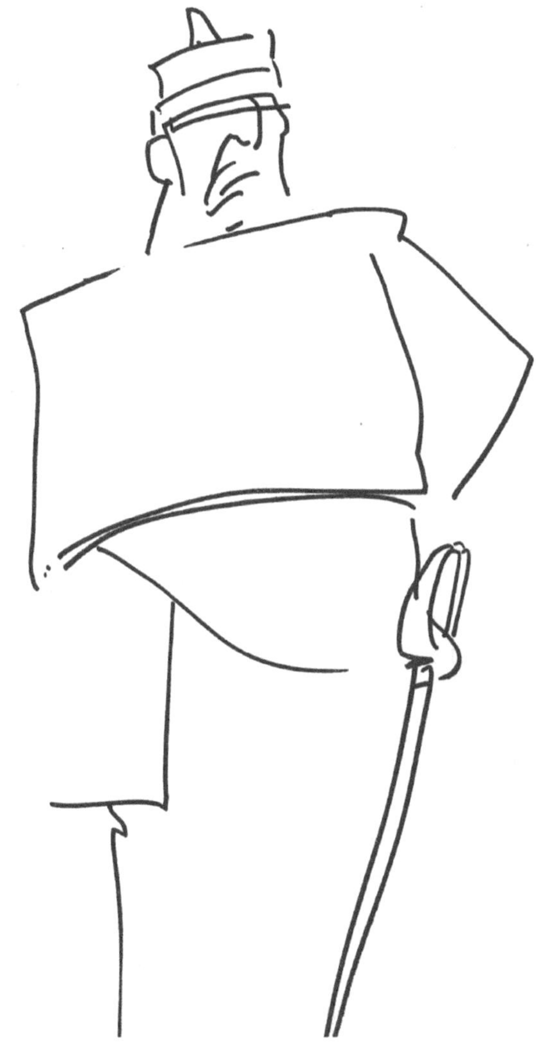

2.2.2 Im Land des Waffenwahnsinns: Fantasyland als Reich des Guten?

Gewalt produziert auch immer neue Gewalt, wie die Corona-Zeit demonstrierte. Waffen hin, Corona her, der fanatische Irrglaube einer Minderheit entfacht über soziale Medien eine Wucht, der die schweigende Mehrheit kaum etwas entgegensetzen kann. Sie reißt in der Gesellschaft Gräben auf, indem sie die andere Seite zum Feind macht (Wetzel 2022a). Die Gefahr besteht vor allem darin, dass diese Wucht nicht einen Dominoeffekt, sondern einen Schneeballeffekt auslöst, weil sie an Intensität und Ausmaß zunimmt und die Welt in Gut und Böse, in Freund und Feind teilt.

Der Literaturnobelpreisträger John Steinbeck verweist in seinem Tagebuch über „Die Reise mit Charly" von 1962 auf die Erbschaft der US-Amerikaner von ihren siegreichen Pionieren: „Jeder Amerikaner ist ein geborener Jäger … Sie schießen auf alles, was sich bewegt" (Steinbeck 2007). Der Zweifel, ob sie auch unfehlbare Schützen sind, hat sie nicht davon abgehalten, in den Waffen ein Symbol des Stolzes, des Patriotismus und der Freiheitsliebe zu sehen. Der Sieger darf jubeln. Und jetzt ist uns auch klar, warum die US-Amerikaner diesen Witz nicht als Witz verstehen: „Treffen sich zwei Jäger. Beide tot."

Deshalb verwundert es auch nicht, dass Craig Shirley, ein Historiker und Fürsprecher der National Rifle Association (NRA), in einem Interview mit der *Huffington Post* anmerkte: „Es geht um Macht und die Macht des Einzelnen, eigene Entscheidungen zu treffen." Immer noch können sich US-Amerikaner auf das Second Amendment, den 2. Verfassungszusatz, berufen, der am 15. Dezember 1791 in Kraft getreten ist und allen Bürgern das Recht einräumt, eine Waffe zu besitzen. So wurde die 2A-Bewegung, die sich am Second Amendment orientiert, zu einem Bürgerbündnis gegen den „tyrannischen Staat". So wie viele von ihnen im Januar 2020 in Richmond, Virginia, aufmarschierten, folgten auch viele dieser Milizionäre Trumps Aufruf zum Sturm auf das Kapitol am 6. Januar 2021 (Wetzel 2020c). Erste Drohungen Trumps waren auch zu Beginn des Wahlkampfes 2024 zu vernehmen, wie die dpa meldete: „Wenn ich nicht gewählt werde, wird es ein Blutbad geben. … Es wird ein Blutbad für das Land sein." Dieses Horrorszenario schien darauf hinauszulaufen, „dass seine Gegner weniger seinen Sieg in diesem Herbst fürchten sollen als die Folgen einer Niederlage" (Burghardt 2024a). Schon 2016 äußerte Trump, „dass es zu Unruhen kommen würde", wenn ihn die Republikanische Partei nicht als Präsidentschaftskandidaten nominierte. Als vier Jahre später der Oberste Gerichtshof von Pennsylvania die Stimmen nachzählen ließ, warnte er vor „Gewalt auf den Straßen" (Burghardt 2024b).

Ein Wahlverlierer steigt auf zum drohenden Sieger und die Republikaner verkommen zum klatschenden Fanklub. Man kann es nicht anders sagen. Das erinnert auch an das zerrissene Land von 1865 am Ende des Bürgerkriegs der Konföderation des Südens gegen die Nordstaaten, wie man in „Manhunt" der historischen True-Crime-Serie sehen kann. Im Land mit zwei Präsidenten, Abraham Lincoln und Jefferson Davis, will Davis, der Ex-Präsident der Konföderation, die Niederlage weder akzeptieren noch hinnehmen und droht Lincolns Kriegsminister Edwin Stanton, dass die Südstaaten das Weiße Haus wieder erobern würden. Was heute die Migranten aus Mittelamerika nach und in den USA sind, waren damals die freigelassenen Schwarzen: die Migranten der wiedervereinigten USA (Göttler 2024). In Verbindung mit den Einwanderern, vor allem den Latinos, benutzt Trump seit Jahren Ausdrücke wie „Raubtier", „Killer", „Invasion", „Alien", Krimineller" oder auch „Tier".

Während viele konservative US-Amerikaner diesen Widerstand als patriotische Pflicht auslegen, spricht viel dafür, an dieser Stelle einen Bogen über den Waffenbesitz vom Miliz-Amok zum Schul-Amok zu schlagen. Also, doch typisch USA, wenn wieder einmal Gewalt über dem Recht steht und das Land der unbegrenzten Möglichkeiten ins Land des unbegrenzten Wahnsinns abdriftet? Ist die „extreme Mitte" zum „Gift im politischen Betrieb" der USA geworden und die Trump-Ära auf dem Weg in die Nicht-Vereinigten Staaten als Normalzustand, wie der Amerikanist Bernd Greiner (2025) andeutet? Vielleicht waren ja die US-Amerikaner Ende des 18. Jahrhunderts so sehr von den Besatzern der französischen Monarchie beeindruckt, für die der Degen keine Waffe, sondern Teil des Kleidungskodex war. Im 9000-Einwohner-Ort Rifle im Bundesstaat Colorado wird das Tragen von Gewehren und Pistolen, auch von Kellnerinnen in Restaurants, geradezu gefeiert. In Colorado dürfen Erwachsene ohnehin offen eine Waffe tragen.

Für den Schriftsteller Hermann Hesse existiere kein ideologisches Weltgebäude ohne eingebautes Waffenarsenal, denn in der Gewalt ende die Zwangsläufigkeit jeder Gesinnung (Klute 2020). In der US-amerikanischen Unabhängigkeitserklärung ist zwar vom Streben nach Glückseligkeit die Rede, aber die Politik kann mit zufriedenen oder gar glückseligen Menschen nichts anfangen (Purger 2020). Mit der Waffe, wie viele Waffenfans auch heute sagen, sei schließlich die US-amerikanische Unabhängigkeit erkämpft worden. Manchen Verschwörungstheoretiker geht es um den Kampf auf der Seite Gottes gegen das Böse. Die Waffe ist offenbar schon immer Teil der privaten Glückseligkeit und des politischen Kalküls gewesen.

So ist auch nachvollziehbar, dass für viele US-Amerikaner Sturmgewehre und großkalibrige Pistolen zu einem modischen Accessoire geworden sind. Kein Wunder, dass Anhänger von Glaubensgemeinschaften wie der „World Peace and Unification Sanctuary" in Pennsylvania ihr Sturmgewehr segnen lassen. Für sie sind diese Waffen der „eiserne Stab" aus der Offenbarung des Johannes (Wetzel 2019a). Für die Waffenindustrie ist das Sturmgewehr ohnehin ein Profitgarant, denn bei Sturmgewehren ist die Gewinnspanne höher als bei anderen Waffen. Und so kommen jetzt auch immer mehr Pistolen mit Schalldämpfern auf den Markt, auf dass nach wie vor der Spruch gilt: „Die Waffe entscheidet nicht, wer schießt." Der Waffenbesitz ist übrigens nicht nur in den USA, sondern auch in Mexiko und Guatemala in der Verfassung verankert.

Das wiederum erleichtert die Beschaffung von Waffen, machte aber Mexiko zu einem der gefährlichsten Länder der Welt. Dort werden 40.000 Menschen pro Jahr ermordet, doppelt so viele mit Waffen wie in den USA. Kein Wunder, könnte man meinen, dass 70 % der Waffen in Mexiko aus den USA kommen, meist illegal über die Grenze. Man schätzt, dass pro Jahr 200.000 Waffen nach Mexiko geschmuggelt werden. Der mexikanische Markt wird von US-amerikanischen Waffenproduzenten auch gezielt mit entsprechenden Slogans geflutet, wodurch wiederum viele Waffen in der Organisierten Kriminalität der Kartelle landen. Davon ist nicht allein Mexiko betroffen, auch viele andere Karibikstaaten. Deshalb gibt die mexikanische Regierung jetzt den Waffenproduzenten in den USA eine Mitschuld an dem Leid und will gerichtlich gegen sie vorgehen, wie der Deutschlandfunk berichtet. In den USA ist die Waffenindustrie gegen ein solches Vorgehen allerdings geschützt. War das etwa der Auslöser für Trump, den Golf von Mexiko in Golf von Amerika umzubenennen?

Auch wenn das Recht auf Waffenbesitz nur grundsätzlich gilt, wäre ein allgemeines Waffenverbot bisher in den USA, im „land of the free", verfassungswidrig. Aber schon für die Autoren der US-amerikanischen Verfassung war klar, dass Freiheit ohne Regulierung in Anarchie abdriften würde. Allerdings kannte damals die Technik nur das einschüssige Vorderlader-Gewehr. Kaum vorstellbar, dass man an halbautomatische Mordinstrumente dachte, die innerhalb von Minuten halbe Schulklassen auslöschen können. Es ist überfällig, die Nation zumindest davor zu schützen. Insofern kann man den Vorschlag aus dem Weißen Haus unter Trump nur als lächerlich bezeichnen, das Waffenverbot auf Gewehre zu beschränken, deren Magazine mehr als zehn Schuss enthalten. Jeder weiß in den USA, um es zu wiederholen, dass die Schusswaffe im Haus das Risiko, von einer Pistole oder einem Gewehr erschossen zu werden, um ein Mehrfaches erhöht. Aber der Generalverdacht, dass ohnehin jeder eine Waffe habe, verdeckt das ganze Spiel.

Der Waffenbesitz nützt im „home of the brave", wie die Vereinigten Staaten in der Nationalhymne bezeichnet werden, letztlich nur der Waffenindustrie. Und sie setzt ihre martialischen Werbesprüche weiter fort, so wie im Falle des halbautomatischen Gewehrs Bushmaster AR-15 der Firma Remington, mit dem u. a. der Amokläufer von Newtown unterwegs war: „Die Kräfte des Widerstands beugen sich nieder." Das deckt sich auch mit der Vorabzensur, die der neue Kriegsminister unter Trump, Pete Hegseth, den Journalisten auf der Plattform X verabreichte: „Befolge die Regeln, oder geh' nach Hause." Hegseth soll auch ein Tattoo mit der AR-15 tragen, auf dass nicht nur die Remington-Welt besser werde. Seine rechte Brust soll überdies mit dem Jerusalemkreuz der Kreuzfahrer sowie der Unterarm mit einem Schwert und dem Kreuzritterschlachtruf „Deus vult", „Gott wollte es", tätowiert sein.

Mit einem Verbraucherschutzgesetz des Bundesstaates Connecticut konnten die klagenden Angehörigen der getöteten Kinder und der erwachsenen Opfer das Bundesgesetz aushebeln, das die Waffenindustrie vor Klagen von Angehörigen von Schusswaffenopfern bisher schützte, und eine Abgeltung von 73 Mio. Dollar durch einen Vergleich erkämpfen. Es ging um die Marketing-Strategien, wie Josh Koskoff, der Anwalt der Familien, anmerkte, „die gefährdete und gewaltbereite junge Männer ansprachen. Das Marketing zielte auf jene, die furchteinflößender, mächtiger und männlicher daherkommen wollen mit ihrer AR-15." Dann war auch noch von einer Werbeaktion der Tochterfirma Bushmaster von Remington die Rede, die sich als Aufforderung entpuppte, „die E-Mail-Adressen von Freunden zu melden, die ‚kein Mann' seien, weil sie keine Bushmaster-Waffe besäßen" (Fellmann 2022a). Das deutet auf eine unheilige Allianz von Geld und Gewalt hin, denn diese Gemengelage ist immer auch mit Abhängigkeiten und Kriminalität verbunden. Oder wie die japanische Schriftstellerin Mieko Kawakami (2025) in ihrem autobiografisch geprägten Roman *Das gelbe Haus* deutlich macht: „Geld ist Macht. Armut ist Gewalt."

Kaum ist davon die Rede, dass das Schnellfeuergewehr AR-15 die folgenreichsten Wunden im Körper hinterlässt, ganz abgesehen davon, dass bei Amokläufen vor allem großkalibrige Pistolen zum Einsatz kommen. In geschlossenen Schulräumen ist die Schussdistanz ohnehin viel geringer und damit das Verhältnis von Toten und Verwundeten oft nur eins zu eins. Längst arbeitet die Waffentechnologie daran, auch die Handfeuerwaffen zu perfektionieren. Sie sollen möglichst gravierende Verwundungen verursachen, wie Unfallchirurgen in Arizona in einem Bericht darstellen (Kreye 2022a).

Inzwischen hat zwar der sogenannte Trump-Effekt, dass die Waffengesetze doch nicht verschärft würden, die Waffenkäufe zurückgehen lassen. In Deutschland hat sich dagegen die Zahl der Besitzer eines kleinen Waffenscheins, der ihnen das Führen einer Schreckschusswaffe erlaubt, allein zwischen 2014 und 2019 von rund 262.500 auf 640.000 erhöht, also mehr als verdoppelt (Stadler 2020). Ende 2018 gab es in Deutschland 960.000 registrierte Waffenbesitzer mit über fünf Millionen legalen Schusswaffen. Die Zahl der illegalen Schusswaffen wird allerdings von den Genfer Forschern des Small Arms Survey in Deutschland auf 16 Mio. geschätzt. Andere Schätzungen kommen bereits auf einen illegalen Waffenbestand von über 20 Mio. Danach besitze in der Schweiz jeder Vierte eine Schusswaffe und in Deutschland jeder Fünfte. In den USA gebe es mehr private Schusswaffen als Einwohner, also mehr als 300 Mio. (Pfaff 2019). 78 % der Bevölkerung besitzt keine Waffen, 22 % viele. Mehr als 40 % der

Schusswaffen weltweit sind im Privatbesitz von US-Bürgern, etwa 400 Mio. Exemplare (Hütten 2019; Schmieder 2020a). Da stellt man sich die Frage, ob die Rede vom scharfen deutschen Waffenrecht nur mehr zur Beruhigung der Bürger diene, wie Roman Grafe (2019) vermutet.

Im Blechschadenland Deutschland ist immer noch die Unversehrtheit des Autos, die Rundumversicherung und das Recht, auf Autobahnen 400 km/h zu fahren, unverhandelbar. Nicht nur für die Bundeswirtschaftsministerin Katharina Reiche. Das Auto ist in Deutschland nicht ohne Grund der größte Killer. Das geht so weit, dass sogar Lungenfachärzte feinstäublich tricksen, um dem autoverliebten Kaiser und seinen Nachfolgern die Ehre zu erweisen.

Einmal abgesehen von den immer wieder passierenden Massenschießereien, sterben in den USA nach Angaben des Center for Disease Control and Prevention (CDC) jeden Tag 110 Menschen durch Schusswaffen, 190 werden verwundet, also sterben jährlich rund 40.000 Menschen durch Schusswaffen und 70.000 werden verwundet. Sechs von zehn sind Selbstmorde, der Rest Morde oder tödliche Unfälle (Wetzel 2019b; Mervosh 2018). Alle 15 min wird ein Mensch durch eine Kugel getötet. Die meisten dieser Opfer sterben, ohne dass sich das Land dafür interessiert – so wie für die Schüsse und Toten rund um den berühmten Malibu Creek State Park mit den Klippen und den vielen Villen der Hollywood Stars. In den USA gibt es 12,2 Tote pro 100.000 Einwohner durch Waffengewalt. Nur in Brasilien liegt die Todesrate höher, nämlich bei 22. In Mexiko liegt die Rate bei 11,0, in Deutschland bei 1,1 und in Österreich bei 2,8 (Hütten 2019).

Es könnte kaum widersprüchlicher zugehen, wenn man bedenkt, dass Trump das Verbot abschaffte, Schusswaffen an psychisch kranke Personen zu verkaufen, zugleich aber 18-Jährige noch keinen Alkohol, dafür aber Schusswaffen kaufen dürfen. So darf man z. B. in Texas an einer Wahl teilnehmen, wenn man einen Waffenschein zum Tragen einer verdeckten Waffe vorlegt, nicht dagegen mit einem Fotoausweis einer staatlichen Universität. Typisch USA?! Oder wie die mexikanische Schriftstellerin Valeria Luiselli einmal anmerkte: „… in den USA … kann ein 16-Jähriger zum Militär eingezogen werden, aber wählen kann er erst ab 18. Und darauf anstoßen darf er erst mit 21" (Mühlhoff 2019). In Großbritannien wurden übrigens nach einem Schulmassaker 1997 die Faustfeuerwaffen verboten.

Inzwischen ist in den USA schon von einem „fantasy-industrial complex" die Rede. So verbindet der Schriftsteller Kurt Andersen in seinem Buch *Fantasyland – 500 Jahre Realitätsverlust. Die Geschichte Amerikas neu erzählt* die Verrücktheit nach Waffen mit der Rolle der Pioniere, Cowboys und Soldaten. In diese Rolle fantasierten sich viele Waffenträger hinein, mit dem US-amerikanischen Willen, das zu glauben, was das Gefühl für richtig halte (Andersen 2018a). Auch der 21-jährige Urheber der Pentagon-Leaks vom April 2023, wodurch u. a. öffentlich wurde, dass ein US-Geheimdienst das deutsche Bundesverteidigungsministerium ausspionierte, war ein Waffenfan und hatte sich wahrscheinlich in einen Krieg hineinfantasiert.

Der Western scheint eine Renaissance zu erleben, weil er nationale Mythen mit aktuellen Themen verbindet. Diese reichen von ethnischen Konflikten und Geschlechterrollen über die Rolle des Ländlichen gegenüber der Stadt bis zur körperlichen Gewalt. Vor allem geht es aber um das Selbstverständnis einer jungen, sich ausbreitenden Nation, die auch das künftige Selbstverständnis im Blick hat, wie die Medienwissenschaftlerin Heike Endter (2023; 2018) an vielen Western-Beispielen illustriert. So wird in Quentin Tarantinos Film „The Hateful Eight" Gewalt als vorherrschende Kommunikationsform dargestellt. Das gilt auch für seine Filme „Django Unchained" und für das Remake „The Magnificant Seven". Darin kultiviert ein schwarzer Kopfgeldjäger, der oft ethnisch motiviert gedemütigt wurde, seine eigene, wenn auch überschießende Gewaltbereitschaft. In den früheren Western-Filmen stand das „Herstellen von Zivilisation", das „Erschaffen der Gesellschaft" im Vordergrund, wo es immer wieder um Rache und Verstand, Mut und Standhaftigkeit ging, wie die Filmkritikerin Maria Wiesner (2023) argumentiert.

Da der Western ziemlich dreckig daherkomme, „begeht hier die amerikanische Nation ihre Ursünde", wie die die Nordamerika-Expertin Brigitte Georgi-Findlay (2023) an den Filmbeispielen „Deadwood" und „Hell on Wheels" aufzeigt. In „Hell on Wheels" wird im Bau der transatlantischen Eisenbahn die „schwere Hypothek" für die Nachfahren deutlich. Nicht zuletzt zeigt der Western auch das praktische Problem von sozialem Handeln auf, wenn schnell zum Colt gegriffen wird, um Konflikte mit Waffengewalt zu lösen: Neben dem etablierten Rechtsempfinden tritt immer wieder ein problematisches Rechthaben zutage. Der

Western zeigt aber auch den Unterschied zwischen damals und heute auf: Es gibt keine Helden mehr, sondern nur noch Opfer, wie Werner Dinkelbach in einem Leserbrief im *Rotary Magazin* vom April 2023 kommentiert.

Es dauerte nicht lange und Trump stand an der Spitze der Fantasie-Armee. Im Fantasyland spielten Fakten keine Rolle, denn jeder bestimme selbst, was wahr sei. Dafür spielten im Fantasyland Verschwörungstheorien von Senator Joseph McCarthy und der John Birch Society mit den Illuminaten ebenso eine Rolle wie die Vorstellung von der Sowjetunion unter Präsident Ronald Reagan als dem „Reich des Bösen" und den USA als dem „Reich des Guten". Denn alles Schlechte könne nur das Ergebnis einer mächtigen Verschwörung sein. Nach dem Kognitionspsychologen Stephan Lewandowsky (2025) lässt sich auch der neue US-Gesundheitsminister Robert F. Kennedy Jr. von Falschinformationen und Verschwörungstheorien leiten: „Kennedy läuft Amok." In diesen Verschwörungskomplex scheint auch Guantánamo zu gehören, denn dort sitzen offenbar Mitglieder des „Reiches des Bösen", denen keine Menschenrechte zukämen und für die keine Rechtsstaatsprinzipien gälten.

Das „Reich des Guten" wird nicht zuletzt in der US-amerikanischen Dreieinigkeit von Gott, Vaterland und Freiheit besungen. Für den Amerika-Historiker Detlev Junker verbinden sich daher Erinnerungskultur und nationale Identität zu einer patriotisch-heroischen Interpretation der US-amerikanischen Geschichte. Dieses Selbstbewusstsein kommt bei vielen US-Amerikanern in ihrem Glauben an „Auserwähltheit und Einzigartigkeit und als Auftrag an die Zukunft, die amerikanische Sendungsidee der Freiheit zu erfüllen", zum Ausdruck (Junker 2003: 8). Deshalb bedarf es zur Realisierung dieses Sendungsbewusstseins immer eines Feindes, nämlich das „Reich des Bösen". Das illustriert auch eine Passage aus einem Brief des Präsidenten Franklin D. Roosevelt an den US-amerikanischen Botschafter in Japan, Joseph C. Grew, aus dem Jahr 1941, die Junker (2003: 12) zitiert: „Wir sind der Aufgabe verpflichtet, unsere Lebensweise und unsere vitalen Interessen zu verteidigen, wo immer sie ernsthaft gefährdet sind. Unsere Strategie der Selbstverteidigung, die jede Front berücksichtigt und jede Gelegenheit nutzt, zu unserer totalen Sicherheit beizutragen, muss deshalb global sein."

Wie sehr sich in den USA die Vergangenheit hartnäckig weigert zu vergehen, kann auch an vielen historischen Monumenten wie dem Fort Alamo in Texas abgelesen werden, wo „Gute Texaner gegen böse Mexikaner. Gute Weiße gegen böse Braune" gekämpft haben (Deininger 2023: 13). Daran ändert auch nichts, dass inzwischen der Anteil der Latinos in Texas als ethnische Gruppe die Weißen überholt hat. Der Historiker karl Schlögel (2023a) geht in einem Interview so weit, dass er am amerikanischen Glauben der „Schaffung einer neuen Welt" festhält und behauptet: „Amerika hat sich die Fähigkeit zur Selbstkorrektur, zur offenen Auseinandersetzung mit seiner Geschichte bewahrt." Lässt sich die Tatsache, dass die USA nicht nur an einer maroden Infrastruktur in Stadt und Land leiden, sondern auch und vor allem an einer sozialen Infrastruktur, die den Zusammenhalt der Gesellschaft gefährdet, so einfach beiseiteschieben (vgl. Schlögel 2023b)?

2.3 Die USA als Projektionsfläche von Gewalt und Erlösung

Im 21. Jahrhundert scheint sich diese Freiheit in eine libertäre Haltung zu verwandeln, der es um die Freiheit von staatlichen Beschränkungen, also um Autonomie und politische Freiheit geht, deren Ordnung notfalls mit Gewalt aufrechterhalten werden muss. Ähnlich wie bei den weißen christlichen Nationalisten tun das nicht Konservative, sondern Reaktionäre, denen es darum geht, Reformen rückgängig zu machen, wie die Soziologen Philip S. Gorski und Samuel L. Perry (2022; Croitoru 2022) argumentieren. Die Waffengewalt wird darin zu einem roten Faden der Geschichte. Das macht auch das „Project 2025″ deutlich, das die Handschrift der nationalistischen Heritage Foundation trägt und so etwas wie „eine Blaupause zur autoritären Umgestaltung der USA in eine … biblisch geprägte Nation" darstellt (Schindler 2025: 11). Jörg Schindler fragt daher zu Recht, ob Wissen durch Glauben ersetzt werde und Gottesdienste zur Kriegspropaganda für weiße christliche Vereinigte Staatenkatapultierten, auf dass Gottvertrauen und Revolver eine heilige

Allianz eingingen und die liberale Welt der „Dämonkraten" zertrümmerten? Mit anderen Worten, für die Herstellung der „natürlichen Ordnung" gelte es, die Wirkungsmacht von Religion und Rasse, Geschlecht und Leistung zu stärken.

Kein Wunder, so könnte man sagen, dass auch die Gründungsväter der Vereinigten Staaten „die zukünftige Landnahme des Kontinents als eine Aufgabe der Vorsehung geistig vorwegnahmen" (Junker 2003: 17). Die Gründung der Nation wurde als besondere Sendungsidee ausgegeben. In diesem nicht nur ökonomisch, sondern auch prophetisch verstandenen Vorschieben der „frontier" auf dem Weg nach Westen wurde auch die Waffe zum Sendungssymbol. So kritisiert auch die Schriftstellerin Lauren Groff (2023) in ihrem Roman *Die weite Wildnis* den US-amerikanischen Gründungsmythos: „Gewalttätigkeit ist tief in die amerikanische DNA eingelassen. Von Anfang an. Das Verhältnis der frühen Siedler zu dem neuen Land und der indigenen Bevölkerung war roh und ausbeuterisch. Die radikale Gewalt der Gründerzeit legt den Grundstein der amerikanischen Mythologie. Diese Gewalt dauert bis heute fort, sie ist wie ein Code, den man nicht mehr aus den Köpfen und Körpern der Amerikaner löschen kann." Dieser Manichäismus hat nicht nur die sogenannten Indianerkriege geprägt, sondern auch die spätere Handlungsweise der US-amerikanischen Außenpolitik (vgl. Schulz 1990). Immerhin, wie Junker (2003: 29) zur Teilnahme der Vereinigten Staaten am imperialen Wettlauf der Nationen anmerkt, „verstanden sich die USA als erster Staat der Welt, dem es gelungen war, in einer Revolution der Freiheit die kolonialen Fesseln abzuschütteln".

In einem Interview mit dem Deutschlandfunk bemerkte der US-amerikanische Schriftsteller Kurt Andersen, die USA seien von Anfang an eine Projektionsfläche von Wunschvorstellungen gewesen, nicht zuletzt von der Vorstellung, dass man sich hier neu erfinden könne (Andersen 2018b). Das hat offenbar auch die Ehefrau Kristina von Richard Ford im Visier gehabt, als sie ein Buch der Schriftstellerin Alice Hoffman vom Verlag zugeschickt bekam, aber davor schon die sehr kritische Besprechung des Buches in der *New York Times* gelesen hatte. Das veranlasste sie, das Buch in ihrem Garten zu erschießen. Ja, das Buch wurde erschossen, wie Christian Zaschke (2023) in einem Interview mit Richard Ford erfuhr. „Das Eintrittsloch war klein", wie Ford berichtete, „aber das Austrittsloch war beträchtlich." Wahrscheinlich hatte das Ganze damit zu tun, dass Alice Hoffman vor vielen Jahren das Buch *Der Sportreporter*, mit dem Richard Ford als Schriftsteller weltberühmt wurde, in der *New York Times* verrissen hatte. Rache oder einfach Lust an einem besonderen Killer, mit dem man sich auch neu erfinden kann? Jedenfalls sandte sie das von Kugeln durchlöcherte Buch an den Verlag wieder zurück.

Kein Wunder, dass die Prediger in den USA seit dem 18. Jahrhundert erfolgreiche Entertainer sind. Auch sie sind Teil der US-amerikanischen Kultur. Alles was mit Religion zu tun hat, darf in den USA ohnehin nicht angezweifelt werden. Denn mit Gott kann man nicht streiten. Da reiht sich auch Donald Trump ein, der schon in seiner ersten Amtszeit für den evangelikalen Publizisten Stephen E. Strang (2017) den Willen Gottes erfüllte. Nach dem misslungenen Attentat in Butler, Pennsylvania, tritt er auch nicht mehr als Gewählter, sondern als Ausgewählter auf. Kurz nach seiner Vereidigung am 20. Januar 2025 eröffnete er im Weißen Haus das „Faith Office", die Glaubensbehörde, die den Präsidenten „spirituell beraten" soll (Herrmann 2025b).

In den USA scheint sich „ein höllischer Mix aus Geschichte, Kultur, Politik und Geld" für den Waffenbesitz zu ergeben, wie Howard Fineman in *The Huffington Post* argumentiert (Fineman 2015). Dieser Mix besteht nicht zuletzt aus einer mächtigen Symbolik, dem Bezug auf die US-amerikanische Verfassung, einem unveränderlichen Glauben an den Selbstschutz und dem ländlichen, vor allem republikanischen Einfluss auf die Politik. Schon Richard Nixon sprach Ende der 1960er-Jahre vom „Recht, zu Hause von Gewalt verschont zu werden", als dem „ersten Bürgerrecht aller Amerikaner", um der weißen Mehrheit die Angst vor den damaligen Demonstrationen zu nehmen (Winkler 2020a).

Bewaffnet mit einem Sturmgewehr im Tarnanzug der Bürgerwehr, halten heute so manche Ausschau nach Randalierern und Plünderern und betreiben Selbstjustiz (Schmieder 2020b). In den Nixon-Jahren wurde auch die Lust am Töten immer deutlicher, wie der Schauspieler und spätere Regisseur Clint Eastwood nicht nur im Film „Dirty Harry" von 1971 demonstrierte. Michael Cimino, der Regisseur und Drehbuchautor von Filmen wie „Die Letzten beißen die Hunde" und „Heaven's Gate", bescheinigte Eastwood eine große Risikobereitschaft. Er war immerhin in der zweiten Hälfte der 1980er-Jahre auch Bürgermeister seiner Heimatstadt Carmel in Kalifornien.

Dazu kommt eine Unterhaltungsindustrie namens Hollywood, die einen Mythos verkauft, bestehend aus Patriotismus, Konflikten, Heldentum und Blut, und ein Bewahrer der Verfassung namens NRA, bewaffnet nicht nur mit Gewehren. Dieser Bewahrer stattet die Politik mit viel Geld aus und beschert der Wirtschaft Gewinn. Dazu besitzt die NRA in den USA auch noch einen gemeinnützigen Status. Als wichtigster Unterstützer der Waffenindustrie steht der NRA ein Jahresbudget von 250 Mio. Dollar zu Verfügung. Der Preis: Politisch diktiert und verteidigt sie Gesetze, indem sie alle Kandidaten für politische Ämter wie Schulkinder benotet. A+ bedeutet totale Unterwerfung, F das schlechteste Rating. Bei gleicher Note erhält der Amtsinhaber gegenüber dem Bewerber den Vorzug, denn er hat bereits den Beweis für seine Einstellung erbracht. Nicht nur deshalb ist der US-amerikanische Baseball-Coach Steve Kerr nach dem Massaker von Uvalde, Texas, zu der Überzeugung gelangt, dass 50 Senatoren das Land „in Geiselhaft halten", weil sie sich mit Hilfe der Finanzierung durch die Waffenlobby an ihre Macht klammerten (Kreye 2022b).

Dem entspricht auch die Vision einer protektionistischen Nation, als die sich die USA verstehen. Mit dieser Begründung wollte Trump auch die von seinem Vorgänger geleistete Unterschrift, aber vom US-Senat noch nicht ratifizierten UN-Vertrag über den Handel mit konventionellen Waffen zurückziehen. Allerdings ist der Übergang von Schutz und Führung in Sicherheit und Dominanz in der US-amerikanischen Außenpolitik unter dem Vorzeichen des Demokratieexports ebenso gang und gäbe, was wiederum den Willen des Stärkeren ins Spiel bringt, wie der Harvard-Historiker Charles S. Maier (2018) zu bedenken gab und Beispiele wie Afghanistan zeigen.

Kritiker sehen schon lange einen „Geburtsfehler" in der US-amerikanischen Verfassung. Der besteht nämlich darin, dass im Süden der Vereinigten Staaten Freiheit vor allem Geschäft bedeute und im Norden eher Recht. In diese Kritik eingeschlossen ist auch das Amt des Präsidenten, den die Verfassung nicht immer bändigen kann. „Das Amt ist ein Relikt aus dem 18. Jahrhundert, als sich die neuenglischen Kolonien vom Mutterland lossagten", wie Willi Winkler in seiner präsidialen

Analyse feststellt (Winkler 2019). Für die Historikerin Jill Lepore seien die Vereinigten Staaten kein Nationalstaat, sondern eine „Staatsnation“, denn die Nation sei der Kampf. Einerseits verbinden sich auch in der Staatsnation Nation und Liberalismus, in der sich Individuen versammelten, deren Rechte als Bürger einer Nation garantiert würden. Andererseits gehe dieser Kampf schon immer mit der Frage einher, wer wirklich dazugehöre (Lepore 2020a; Haaf 2020a). Dabei hatte schon vor zweitausend Jahren der römische Dichter Ovid, alias Publius Ovidius Naso, die Einsicht verbreitet: „Gesetze wurden gemacht, damit der Stärkere seinen Willen nicht in allen Dingen durchsetzt.“ Der Stärkere kann auch der sein, der sich traut, ganz abgesehen davon, dass es irreführend wäre, normativ von einem Recht zu sprechen, wenn sich der Stärkere de facto durchsetzte (vgl. Nida-Rümelin 2024). Aber das libertäre Verständnis von Trump und seinen Gefolgsleuten stellt die Rechte des Einzelnen über das der Gemeinschaft, die vom Recht zur Selbstverteidigung über das Eigentumsrecht bis zum Recht der freien Meinung und der freien Wirtschaft reichen. War nicht das Recht schon immer da, um das angebliche Recht des Stärkeren zu überwinden?

Die revolutionäre Geburt der Vereinigten Staaten hatte viel Chaos zur Folge. So sieht Lepore (2019) die Adelshierarchie durch eine Hierarchie des Reichtums ersetzt, was wiederum die Reichen dazu verführte, Wahlen als ungerecht zu empfinden, wenn jede Stimme gleich viel zählte. So empfand schon der zweite Präsident der Vereinigten Staaten, John Adams, die Verfassung von 1787 als einen Kompromiss zwischen einer „Aristokratie der Reichen“ und einer „Demokratie der Armen“. Das Eigentum wurde zur Urteilskraft, ein Recht vor dem Recht. Kein Wunder, dass Stephen Moore, einer von Trumps Wirtschaftsberatern, zu Protokoll gab: „Der Kapitalismus ist sehr viel wichtiger als die Demokratie“ (Assheuer 2024).

Dieser Kritik folgte auch die Philosophin Hannah Arendt, die 1946 an ihren Lehrer Karl Jaspers über die Vereinigten Staaten von Amerika schrieb: „Der Grundwiderspruch des Landes ist politische Freiheit bei gesellschaftlicher Knechtschaft. Das Letztere ist vorläufig nicht absolut herrschend … Aber es ist gefährlich, weil die Gesellschaft sich ‚rassenmäßig‘ organisiert und orientiert“ (Winkler 2020b). Auf die Gegenwart bezogen, betonte der Nobelpreisträger und Ökonom Joseph Stiglitz (2025) in einem Interview mit der *Frankfurter Allgemeine Zeitung*: „Die neue Rechte – Trump, Orbán und so weiter – gibt inzwischen nicht einmal mehr vor, für Freiheit zu stehen. Eigentlich geht es nur noch um Konzerninteressen und Machtpolitik, nicht mehr um eine liberale Wirtschaftsordnung. … Für Trump aber ist alles reine Verhandlungssache. Sein Ansatz ist willkürlich, er belohnt Freunde und bestraft Gegner – ohne klare Regeln. Das ist eher Mafia-Stil als verantwortliche Industriepolitik."

Wir haben es mit „Patrimonialismus" als Gegenentwurf zum „bürokratischen Prozeduralismus" zu tun, wie Jonathan Rauch (2025) einen Monat nach Trumps zweiten Amtsantritt in *The Atlantic* argumentierte. Rauch verweist zu Recht auf Max Weber, für den der Patrimonialismus den Anspruch des Herrschers beinhaltet, der symbolische Vater des Volkes zu sein, also der personifizierte Staat und dessen Beschützer. Daher verkündete auch Trump: „Wer sein Land rettet, verletzt kein Gesetz." Allerdings wurde Weber für seinen Verweis auf den religiösen Ursprung des Kapitalismus, den Protestantismus, kritisiert, der der wirtschaftlichen Entwicklung Europas seit dem 17. Jahrhundert den entscheidenden Aufschwung gegeben haben soll (z. B. Weber 1981: 188; Giddens 1999: 622–626). Tatsächlich gelangt Weber in seinem Hauptwerk *Wirtschaft und Gesellschaft* von 1921/22 einerseits zur Unterscheidung zwischen dem Modell der Hausgemeinschaft und der Organisation, die sich auf die sozio-patriarchalen und die institutionell-liberalen Auffassungen des Patrimonialismus bezieht (Weber 1972: 212–233, 541–550).

Andererseits meinte Weber, dass der Patrimonialismus im modernen Staat zunehmend obsolet werde. Die Struktur des modernen Staates ist aber nicht immer dieselbe und Inkompetenz und Korruption in wirtschaftlichen Organisationen keineswegs abgeschafft. Das zeigen nicht nur Trumps Vereinigte Staaten von Amerika 2025/26 auf, indem er das Justizministerium zur „persönlichen Anwaltskanzlei", sich die Autorität anmaßt, Rechtsbrecher zu entschädigen und seinem alten Prinzip der Loyalität ungeachtet aller Konsequenzen folgt, den Nicht-Freund zu seinem Feind zu erklären, der gefeuert wird, koste es, was es wolle. Der Kölner Medienwissenschaftler Martin Andree (2025) sieht Trump auf dem Weg einer Koalition von „mafiösem Staatskapitalismus und digitaler Monopolwirtschaft", in der die Tech-Monopole „öffentliche Güter" – den Zugang zu Informationen, Marktplätzen und Infrastrukturen – kontrollierten.

Seinen patrimonialen Arm streckt er auch über die Grenzen der USA hinaus und macht die Repräsentanten des Völkerrechts, den Internationalen Strafgerichtshof in Den Haag, zum Feind, wenn die USA oder Freunde wie Israel verurteilt werden, und stellt sie mit Sanktionen „auf eine Stufe mit Terroristen, Drogenhändlern und Kriegsverbrechern" (Prantl 2026). Mit dem Deal ist Politik ohnehin zur „überflüssigen Umständlichkeit" geworden und die „checks and balances", gerühmt für die Sicherstellung der Demokratie und die Verhinderung der Willkürherrschaft, sind zur „bitteren Ironie" verkommen (Seibt 2025).

Freilich sind die Vereinigten Staaten nicht „die letzte klassische Monarchie", aber monarchische Züge sind unverkennbar, wenn wir an die dynastischen Träume der Kennedys und Bushs, der Clintons und Trumps, die Verschwörungstheorien in Verbindung mit diversen Attentaten oder den monarchischen Freispruch von Richard Nixon denken. Er trat im Zuge der Watergate-Affäre nur unter der Bedingung zurück, dass sein Nachfolger ihm Generalpardon gewährte. Kaum war John F. Kennedy gestorben, kreierte Jackie Kennedy den Mythos Camelot, die Sehnsucht nach dem US-amerikanischen Königshaus. In der Camelot-Sage geht es bekanntlich um das Königreich der Guten, dessen Herrscher, König Artus, wegen seines Edelmuts beim Volk sehr beliebt war. Für Jackie war klar, wie sie auch in Interviews deutlich machte, dass die USA in Zukunft zwar wieder großartige Präsidenten haben würden, aber nie wieder ein „Camelot" (Kornelius 2017; Schmale 2017).

Dazu passt auch Oliver North, der 2018/19 Chef der NRA war, jetzt noch im Vorstand sitzt und schon in der Reagan-Regierung mit verdeckten Operationen betraut war und sogar illegale Waffenlieferungen an den Iran, das gerade gegen den Irak Krieg führte, arrangiert hatte. Zuletzt war er für den TV-Sender Fox News tätig, der wiederum Donald Trump sehr nahesteht.

Diese Haltung hat auch Folgen über die Grenzen der USA hinaus, wie wir auf vielen Reisen in die USA sowie in Diskussionen auf Tagungen immer wieder feststellen konnten. So kam der Zweitautor dieses Buches nicht umhin, anlässlich der *Duisburger Akzente* 2004 zum Thema „Endstation Amerika?" folgende Einschätzung zu formulieren: „Auf der einen

Seite faszinieren unverändert die optimistische Einstellung der Amerikaner zur eigenen Lebensgestaltung, die Orientierung am Erfolg und das Eintreten für die Freiheit im Denken und Handeln. Auf der anderen Seite sind viele Europäer von den politischen Alleingängen Amerikas, der missionarischen Haltung seiner Bürger und dem vermeintlichen oder tatsächlichen Export seiner Lebensart in alle Winkel dieser Erde irritiert" (Strasser/Nollmann 2005: 12; vgl. Strasser 2016: Abschn. 5.4).

Auch die US-amerikanische Schriftstellerin Joan Didion (2004/2019) lässt in ihrem kritischen Erkundungsbuch über das gloriose Kalifornien den amerikanischen Traum von der Selbstbezogenheit, dem Streben nach maximalem Gewinn und die persönliche Haftung für alle Risiken aufblitzen. Vor allem steht die Unabhängigkeit im Denken und Handeln im Vordergrund. Damit verbunden ist zweifellos der immer wieder aufflammende Imperialismus, wie ihn z. B. Theodore Roosevelt schon zu Beginn des 20. Jahrhunderts pflegte und der damit einhergehende Missionarismus eines Woodrow Wilson zum Ausdruck brachte (von Dohnanyi 2022).

So hat es in den USA weder eine Kirche als Staatskirche noch eine Religion als Staatsreligion gegeben, man ist vielmehr die selbsterklärte „one nation under God". Oder doch „God's own country" der Patrioten? Das hatte eine Spiritualisierung der Politik zur Folge, wie der 2018 stattgefundene Abschied von „Amerikas Pastor", Billy Graham, demonstrierte. Dem Evangelikalen wurde als ersten Religionsführer die Ehre zuteil, im Kapitol aufgebahrt zu werden. Denn er, wie sein Sohn und religiöser Nachfolger Franklin Graham, sah in Trumps Wahl ins Weiße Haus „Gottes Hand" am Werk. Das tat auch Paula White, die spirituelle Beraterin von Präsident Donald Trump und Leiterin der „Faith and Opportunity"-Initiative. Dieser ging es um die Unterstützung der Interessen von Kirchenvertretern und die Mobilisierung der evangelikalen Anhänger Trumps. White vertritt die „Prosperity Gospel", das Wohlstandsevangelium, wonach Reichtum, geschäftlicher Erfolg und Gesundheit sichtbare Zeichen für ein gottgefälliges Leben seien. Als Millionärin ist sie also, wie Trump auch, von Gott auserwählt. Deshalb kam auch Trumps Hinweis in seiner Rede zur Amtseinführung am 20. Januar 2025 nicht ganz überraschend, dass er beim Attentatsversuch von Butler, Pennsylvania, 2024 von Gott beschützt worden sei: „Mein

Leben wurde aus guten Gründen verschont. Ich bin von Gott gerettet worden, um Amerika wieder groß zu machen.“ Dass Paula White in der Vergangenheit immer wieder mit der Steuerbehörde in Konflikt geraten ist, scheint eher ein Zeichen für ihren Glauben als für eine irdische Sünde zu sein. Oder doch nicht?

Da scheint der US-amerikanische Spielfilm „Bonhoeffer“ gerade zur rechten Zeit, nämlich im November 2024, in die Kinos gekommen zu sein, der von der evangelikalen Filmproduktionsfirma Angel Studies vermarktet wird. Auf dem Werbeplakat ist Jonas Dassler als Dietrich Bonhoeffer zu sehen, der eine Pistole in der Hand hält. Daneben die Beschreibung: „Pastor, Spy, Assassin“, also „Pastor, Spion, Attentäter“ (Steinitz 2024). Der Pastoren-Beirat im Weißen Haus besteht übrigens nur aus Evangelikalen. 80 % der Evangelikalen haben für Trump gestimmt. Da man über Gott nicht streiten kann, ist es für die Opposition schwer, Kritik zu üben. Im Ausland schüttelt man eher den Kopf (Strasser/Nollmann 2005: 19 f.).

So überlagern sich in der US-amerikanischen Imagination religiöse Heilsversprechen und politische Machtansprüche – und formen ein kulturelles Skript, in dem Gewalt nicht Widerspruch, sondern Teil der Erlösungsgeschichte ist. Diese Verschmelzung von Spiritualität und Souveränität verleiht politischen Konflikten eine moralisch aufgeladene Dimension, die Kompromisse erschwert und Gegner leicht zu Feinden macht. Zugleich erklärt sie, warum sich politische Bewegungen immer wieder religiöser Narrative bedienen, um ihre Botschaften zu legitimieren und affektiv zu verankern.

3

Gewalt als ständiger Begleiter

Inhaltsverzeichnis

F. Mehring, H. Strasser, *Die USA im kollektiven Ausnahmezustand*,
https://doi.org/10.1007/978-3-658-51160-9_3

©Martin Goppelsröder

Die Routine des US-Präsidenten, nach Amokläufen die Flaggen auf Halbmast zu hängen, wird nicht weiterhelfen. Ebenso wenig die von Trump angekündigte Kleinstreform im US-Waffenrecht, die das Umfunktionieren von halb- in vollautomatische Waffen verhindern und die Waffenkäufer effektiver durchleuchten sollte. Denn die Waffen und ihre Munition ändern sich laufend. Wir müssen daher die zentrale Frage stellen: *Woher kommt die Gewalt?*

Das ist nicht mehr als politische Heuchelei, so wie die Phrase der „Thoughts and Prayers" in Gedenken an die Toten. Gerade darin zeigt sich ein kleiner, aber bezeichnender Beweis: Die Vereinigten Staaten sind unfähig, längst überfällige Reformen umzusetzen. Der beste Beweis besteht wohl darin, wie der Grundsatz „one person, one vote" im US-amerikanischen Wahlsystem, nicht zuletzt für die Präsidentschaftswahl, „mit Füßen getreten" werde, wie die Historikerin Hedwig Richter argumentiert. Im Spiegel des Trump'schen Wahnsinns sei nicht nur eine

„unbändige Selbstbegeisterungsfähigkeit", sondern auch „eine Infantilisierung politischen Denkens und Handelns" zum Ausdruck gekommen (Richter 2021). Mit Blick auf die gegenwärtige Situation kann das nur bedeuten: Fortsetzung folgt. „Zufallspräsident" oder was? Nicht nur für Al Gore und Hillary Clinton wurde die Präsidentschaftswahl zur Mut- und Lebensprobe.

Denn die Frage ist doch, wem Gewalt droht bzw. wer solche Ohnmachtsgefühle hat oder erfahren hat. Immer noch die Menschen, die in den Wilden Westen, ins unbekannte Neue, aufbrechen? Die Geschichte der USA ist gefüllt mit Gewalt, auch und vor allem von Amerikanern gegen Amerikaner. Der Unabhängigkeitskrieg von 1775-1783 richtete sich nicht nur gegen die Briten; es wurde auch in den Nachbarschaften gekämpft. Der Bürgerkrieg von 1861 bis 1865 kostete Hundertausenden Süd- und Nordstaatlern das Leben. Die Indianerkriege und Rassenunruhen, aber auch die vielen Aufstände und Massenschießereien brachten endlose Gewalt mit sich (Wetzel 2020b).

David Riesman (1958), der schon in den 1950er-Jahren in *Die einsame Masse* den amerikanischen Sozialcharakter ins Visier genommen hatte, fragte sich auch zwei Jahrzehnte später, ob die US-amerikanische Gesellschaft von Natur aus gewalttätig sei: „Doch im Vergleich mit der Entwicklung, die andere Industriegesellschaften genommen haben, hat der Prozess der Befriedung hier länger gedauert und ist unvollständig geblieben. Im 19. Jahrhundert haben wir Amerikaner (abgesehen von den Kämpfen mit den Indianern) vier Kriege geführt, die nicht Verteidigungskriege waren.... Keine andere große Industriegesellschaft hat Rasse und völkische Abstammung als Elemente sozialer Schichtung und damit sozialer Spannungen an die Stelle der Klassenstruktur gesetzt" (Riesman 1970: 34, 38). Diese Verbindung von Rasse und Klasse zementiert nicht nur die Spaltung, sie verewigt sie, nicht zuletzt unter den Bedingungen der Globalisierung. Dazu passt auch der deutsche Titel *Ein verheißenes Land* von Barack Obamas erstem Teil seiner Autobiografie. Diese Botschaft kann man schon dem Roman *Ein anderer Takt* von William Melvin Kelley aus dem Jahr 1962 entnehmen, der die Unfähigkeit der Weißen beschreibt, mit dem „Skandal schwarzer Selbstbestimmung" im US-amerikanischen Vorbildland umzugehen. Nicht ohne Grund ist auch heute von der Todesstrafe als legalisierter Lynchstrick und von der Erbschaft der

Sklaverei die Rede. Der Schriftsteller Stephen Marche (2022) beschwört inzwischen den Untergang der Republik in mehreren Szenarien des nächsten Bürgerkriegs, zumal Demokraten und Republikaner dabei wären, sich immer mehr einer Stammeszugehörigkeit anzunähern.

Die USA waren nie ein besonders friedliches Land. Immer wieder ist es zu einer Spirale von Angst, Hass und Gewalt gekommen. Sogar im eigenen Land haben US-Amerikaner gegeneinander Krieg geführt. Auch hier deutete sich schon an, was 2003 im Irakkrieg passierte: Einen Krieg kann man gewinnen, aber den Frieden verspielen (vgl. Blüm et al. 2003). So deutet auch die historische Erfahrung mit Krisenbewältigung auf mehr Bereitschaft zu Gewalt hin. Das hat schon mit der Eroberung des Kontinents begonnen; immer wieder kam es zu leidvollen Rückschlägen, die für seine Bewohner ständig Lehren im Umgang mit Brüchen im Lebenslauf vermittelten. Marc Wallert (2020), der Resilienz-Trainer mit Geiselerfahrung, spricht sogar von einer Kultur des Scheiterns der US-Amerikaner, aus der wir viel lernen könnten.

Dann erübrigt sich eigentlich, darauf hinzuweisen, dass die Gefangenenrate in den USA die von europäischen Ländern um ein Mehrfaches übersteigt. Z. Zt. sitzen etwa zwei Millionen Häftlinge in US-amerikanischen Gefängnissen. Die USA stellen 5 % der Weltbevölkerung, aber einen Anteil von mehr als 20 % der Gefängnisinsassen der Welt. Pro 100.000 Einwohner sitzen in Deutschland, Stand 2020, 69 Personen im Gefängnis, in den USA liegt die Zahl bei 619, Stand 2019. Da stellt sich die Frage, ob das Land auch sicherer sei (vgl. Kinzig 2020). Das Land hat nämlich nicht nur ein Einkerkerungsproblem. Auch die Rate der Tötungsdelikte in den USA pro 100.000 Einwohner ist fast fünfmal so hoch wie in Deutschland. Andererseits schätzen US-amerikanische Politikwissenschaftler wie Robert Kagan die globale Führungsrolle der USA so ein, dass die Welt ohne die USA ein Schlachtfeld wäre (Kagan 2018). In den USA stehen den 1,2 Mio. Bürgern, die in allen Kriegen des Landes getötet wurden, 1,6 Mio. US-Bürger gegenüber, die seit 1968 im eigenen Land durch Schusswaffen getötet wurden (Hütten 2019).

„Warum also sollte die Zukunft friedlich sein?", fragt Hubert Wetzel (2018c) zu Recht und spricht vom „zweiten Bürgerkrieg". Schon in der ersten Amtsperiode von Trump stellte man sich Szenarien vor, die zu einem Gewaltausbruch führen könnten, nicht zuletzt eine Wahlniederlage von Trump, die er nicht anerkennt, oder ein späteres Amtsenthebungsverfahren, das als Putsch interpretiert wird und seine Unterstützer auf die Barrikaden gehen lässt.

Das ist die eine Seite der Gewalt. Die andere Seite ergibt sich u. a. aus Studien von Christian Pfeiffer vom Kriminologischen Forschungsinstitut Niedersachsen, die zeigen, dass Kinder, die von ihren Eltern geschlagen worden seien, am häufigsten sich wünschten, eine Waffe zu besitzen. Sie setzten sich auch am ehesten für harte Strafen bis hin zur Todesstrafe ein (Baier et al. 2009). Wen wundert es dann noch, dass Kinder, die in der Familie viel Gewalt erfahren, später fünf bis sechs Mal häufiger zu Mehrfachtätern der Gewalt werden, als es bei gewaltfrei erzogenen Menschen der Fall ist? „Die Menschen werden nicht als Täter geboren, Menschen werden zu Tätern gemacht", wie Pfeiffer (2020) in einem Interview deutlich macht. Übrigens ist immer noch mehr als die Hälfte der US-Amerikaner für die Todesstrafe. Dass seit 1973 allerdings mehr als 160 Personen in den USA zum Tode verurteilt und später entlastet wurden, sei nur nebenbei bemerkt.

Trotz oder gerade wegen der nationalen Geschichte und ihrer kulturellen Fäden, die sich durch die Gesellschaft ziehen, hat Gewalt vor allem mit der Familie zu tun. Gewaltbereitschaft wird in der Kindheit angelegt. In den USA ist in keinem Bundesstaat Gewalt gegen Kinder verboten. Gute Randbedingungen für Kinder zu Hause und für Schüler und Schülerinnen in den Schulen und der jeweiligen Gemeinde gibt es nicht überall. In die und nicht in die Bewaffnung der Lehrer, wie Trump in seiner ersten Amtszeit vorgeschlagen hatte, müsste vor allem investiert werden. Vielleicht hätte Trump den „Notstand first" ausrufen sollen: in den Schulen und nicht an der Grenze zu Mexiko, auf dass der nationale Notstand nicht weiterhin Trump heiße, wie Martin Stricker (2019) anmerkte. Man könnte sogar die These wagen, dass es Amokläufe immer geben werde, auch wenn die kausalen Zusammenhänge vielfältig sind.

Wenn es denn in den USA ein Umdenken in Sachen Waffen gibt, dann bei den Schwächsten, den Kindern. In Kalifornien wurde das Mindestalter beim Kauf von Langwaffen von 18 auf 21 Jahre angehoben. Seit dem Columbine-Massaker vor mehr als 25 Jahren werden Kinder zunehmend schon im Vorschulalter auf Amokläufe vorbereitet. Inzwischen üben mindestens einmal im Jahr 95 % aller US-Schulen das Verhalten im

Falle eines Amoklaufs. 90 % aller Schulen sind mit Überwachungskameras versehen. In Kalifornien werden „Active Shooter Drills“ an Schulen nach dem Motto „Run. Hide. Fight“ durchgeführt. Das gilt längst als schulische Grundregel und ist in diesem Bundesstaat bereits gesetzlich vorgeschrieben. Allerdings klingt auch diese Strategie ein wenig nach dem NRA-Motto, das der damalige Chef der NRA, Wayne LaPierre, im Dezember 2013 nach dem Amoklauf an der Sandy Hook Elementary School ausgegeben hatte: „The only thing that stops a bad guy with a gun is a good guy with a gun.“ Nur der Gute mit einer Waffe kann den Bösen mit einer Waffe aufhalten!

Aber die Waffenflut im Land kann zur Waffenwut werden, wenn mehr Gewalt einkehrt. Oder einfach zu noch mehr falschen Behauptungen führen, wie im Falle des rechtslastigen Radiomoderators und Trump-Anhängers Alex Jones, dass der Amoklauf an der Sandy Hook Elementary School von Schauspielern inszeniert worden sei. Inzwischen wurde er in zwei Gerichtsverfahren in Austin, Texas, zu einer Entschädigung von 49,3 Mio. US-Dollar an die Eltern eines der Todesopfer verurteilt, vor allem weil er die Angehörigen verhöhnt und „sie als Mittäter einer Verschwörung der US-Regierung mit dem Ziel, den Amerikanern ihre Waffen wegzunehmen“, beschimpft hatte (Schmieder 2022c). Weitere Gerichtsverfahren sind anhängig. Sein lukratives Geschäft mit Lügen und mystifizierten Meinungen wird wohl weitergehen.

Leider kann diese Elterntragödie sich auch in die entgegengesetzte Richtung entladen, wie die jüngsten Berichte von der Oxford High School in Detroit demonstrieren. Dort hatte ein 15-jähriger Schüler knapp vor Weihnachten 2021 vier Mitschüler und Mitschülerinnen erschossen und sieben weitere Mitschüler verletzt. Nicht nur der Täter, auch seine Eltern kamen vor Gericht. Der Täter wurde als Mörder zu lebenslanger Haft, die Eltern wegen Totschlags zu langjährigem Freiheitsentzug verurteilt. Der Vater hatte dem Sohn am Black Friday nach Thanksgiving eine Sig Sauer, Kaliber neun Millimeter, als Geschenk präsentiert. Daraufhin besorgte ihm die Mutter Munition und chauffierte den Jungen zur Schießanlage, um die Schusswaffe auszuprobieren. Bezeichnenderweise gab er der Waffe den Namen „My beauty“. Der Auslöser der tödlichen Schüsse erhielt von seinen Eltern nicht nur ungehinderten Zugang zur Waffe. Wie die amtierende Richterin sagte, habe die Mutter nicht nur den Besitz, sondern auch den Gebrauch dieser Waffe verherrlicht (Burghardt 2024c). Das Urteil mag historisch sein, aber was es wirklich bedeutet, welche Konsequenzen es nach sich ziehen wird, das werden sich viele US-Amerikaner fragen.

Die Frage nach den Ursachen der Amokläufe scheint immer wieder in einem Klima der „American Angst“ unterzugehen. Das wird nicht nur von den täglichen Bedrohungsszenarien der Medien weiter angeheizt (Schmieder 2019b). Auch die wiederkehrenden Wahlkämpfe heizen die Stimmung auf und lassen Väter und Mütter, deren Kinder Opfer von Amokläufern geworden sind, radikaler werden, indem die einen für die Ausweitung des Rechts auf Waffenbesitz und die anderen für stärkere Kontrollen plädieren. Tragischer könnte das Resümee eines betroffenen Vaters vor der Wahl am 3. November 2020 nicht sein: „Ich glaube wirklich, dass die Sicherheit unserer Kinder davon abhängt, ob dieser Mann wiedergewählt wird“ (Cassidy 2020). So gab die konservative Gouverneurin von South Dakota, Kristi Noem, die Trump sehr nahesteht, beim Jahreskongress 2023 der NRA mit Freude bekannt, dass ihre zwei Jahre alte Enkelin bereits eine Flinte und ein Gewehr besitze und somit alles habe, was sie brauche (Fellmann 2023).

Die Kultur, die Lebensweise, die den Menschen Sinn gibt, zu verändern, wird lange dauern, denn Sinn braucht Zeit. Solange das Land es hinnimmt, dass Kinder in Schulen sterben und man sich nur auf die Altersgrenze beim Waffenerwerb verständigen kann, wird es keine Lösung geben. Die sichere Aufbewahrung der Waffen ist ohnehin schon lange zur billigen Ausrede geworden. Es stehen sich nach wie vor zwei unversöhnliche Lösungsstrategien gegenüber: Strengere Waffengesetze auf der einen Seite und die Schulen zu Festungen, die Lehrer zu Waffenträgern und die Schüler zu „Experten im Umgang mit Attentätern“ zu machen, auf der anderen Seite (Schmieder 2022d). Dahinter steckt natürlich ein milliardenschweres Geschäft mit der Angst.

Auch wenn darüber in Politik, Polizei und Bevölkerung noch immer gestritten wird, verlangen immer noch viele Eltern, die Lehrkräfte mit Waffen auszustatten. Manche Schulen werden inzwischen mit schusssicheren Türen ausgestattet und hohen Zäunen umgeben und können nur gegen vorherige Anmeldung betreten werden. Nach dem Amoklauf von Parkland, Florida, von 2018 hat das Parlament des Bundesstaates

Florida beschlossen, Lehrkräften das Tragen von Waffen im Unterricht zu erlauben. Die Rucksäcke mit eingebautem Schutzschild für Schüler und Schülerinnen sind inzwischen Bestseller. Auf die zunehmende Gewalt in Brasilien hatte dessen früherer Präsident Bolsonaro nur eine Antwort: „Bewaffnet euch!" Vor allem Frauen rüsten dort jetzt auf, um Leben zu retten, nicht ohne sich den Scherz ihres Ex-Präsidenten gefallen lassen zu müssen, dass, wenn Frauen bald Waffen im Gürtel hätten, es eben Männer- statt Frauenmorde gäbe (Gurk 2021).

Dennoch machte sich eine 18-Jährige aus Florida auf den Weg, um an der Columbine High School zum 20-jährigen Gedenktag am 20. April 2019 ein neues Massaker anzurichten. Sie wurde rechtzeitig vom FBI verfolgt und erschoss sich dann selbst.

Auch wenn die Persönlichkeitsstruktur z. B. des Amokläufers von Newtown zwischen Genie- und Irresein angesiedelt worden ist, entpuppt sich die Pistole als „das Schreibgerät des Analphabeten", wie der Soziolinguist Barry Sanders es formulierte (Sanders 1995). Nur gibt es sehr unterschiedliche Analphabeten, wie die Fälle von Newtown und Parkland zeigen. Sie waren wahrscheinlich, wie so viele andere Amokläufer auch, Analphabeten der Gemeinschaft und wählten die Pistole, das Gewehr, als ihr ultimatives Schreibgerät. Anders Breivik, der rechtsterroristische Massenmörder aus Norwegen, lässt grüßen.

Die leichte halbautomatische Pistole, die Glock 17, kommt übrigens aus Österreich, die in vielen Amokläufen im Einsatz war. Der Waffenhersteller Gaston Glock entwickelte sie in den 1980er-Jahren, nachdem er den Auftrag zur Neuausrüstung des österreichischen Bundesheeres erhalten hatte. Er soll in den USA die Verbreitung von leistungsstarken Feuerwaffen angekurbelt und sich im Jahr 2000 geweigert haben, zusammen mit anderen Waffenherstellern eine freiwillige Vereinbarung zur Waffenkontrolle zu unterschreiben, wie aus einem Bericht über seinen Tod im Dezember 2023 in der *Süddeutschen Zeitung* vom 29. Dezember 2023 hervorgeht. Schon lange bekannt war seine Nähe zur rechtslastigen FPÖ und zum Rechtspopulisten Jörg Haider.

Auch wenn wir nicht wissen, was genau diese Menschen umtreibt, wenn sie Schusswaffen als ultimatives Schreibgerät einsetzen, dürfte feststehen, dass sie Außenstehende sind und sich auch als solche fühlen. Sie fühlen sich nicht dazugehörig und das kann auf Dauer auch Rachegelüste auslösen. Und die können sogar so weit gehen, dass man seine Eltern von dieser Erde fegt – wie der Mutter des Amokläufers von Newtown geschah.

3.1 Amok in der digital-globalen Gesellschaft

Die Frage ist auch, ob die zunehmenden Amokläufe nicht auch mit unserer Art der beschleunigten Gesellschaft zu tun haben. Wie erwähnt, bedeutet im Malaiischen das Wort Amok so viel wie „in blinder Wut angreifen und töten". Aber wann wird man blind? Doch in erster Linie dann, wenn man nichts mehr versteht oder weil kein Sinn mehr da ist, der Orientierung gibt. Mit anderen Worten, wenn die Welt und ihr Lebensinhalt an einem vorbeirauscht, einen blind macht, auch zornig, ängstlich und zugleich aggressiv machen kann. Dieser Rausch dreht auch die Buchstabenfolge des Wortes Amok um und lässt den AMOK als KOMA verstehen. Es stellt sich daher die zentrale Frage: *Geht in der beschleunigten Gesellschaft der Sinn verloren?*

Natürlich fragt man sich, ob das Gefühl, in einer zunehmend sinnentleerten Welt zu leben, uns nicht schon in den letzten Jahrzehnten mehr oder weniger begleitet hat. Die Globalisierung und Digitalisierung unserer Lebenswelten zwingen uns, uns immer öfter an neue Situationen anzupassen. Dabei geht oft der Sinn verloren, weil Sinn Zeit braucht, die wir in der beschleunigten Gesellschaft nicht mehr haben.

Viel Hass, der in der virtuellen Welt erzeugt wird, greift schon heute und in Zukunft wahrscheinlich noch mehr auf die reale Welt über. Das demonstrieren auch die von Cesar Sayoc, einem Trump-Anhänger und registrierten Republikaner, an Politiker der Demokraten und Trump-Kritiker versandten Päckchen, die mit Sprengsätzen beladen waren (Wetzel 2018a, 2018b). Auf dieser Linie bewegt sich auch das Netzwerk der Neuen Rechten, das die „white supremacy" zum Ziel hat und von oberster Stelle noch seine Legitimation erhalten hat. Vergessen wir nicht, dass nach dem 11. September 2001 rechte Extremisten in den USA dreimal so viele Attentate verübten wie Islamisten (Fuchs/Middelhoff 2019; Büchse/König 2019).

So mancher Hacker-Angriff der Gegenwart kann sich auch als realer Amoklauf in Zukunft entpuppen. Dazu kommen die diversen Foren im

Internet, die auf dem Weg zur Enthemmung eine zunehmende Rolle spielen. „Auch für die perverseste Fantasie finden Sie da jemanden, der Sie unterstützt", wie der Psychologe Herbert Scheithauer in einem Interview mit der *Süddeutschen Zeitung* vom 2./3. Februar 2019 feststellte. Auch der 17-jährige Täter von Winnenden 2009 betrieb in seiner Freizeit vor allem Killerspiele, hatte zu Hause Zugang zu einer Waffe und wahrscheinlich ein gestörtes Verhältnis zu Frauen und Mädchen. Elf der zwölf Opfer in der Schule waren weiblich. So fand auch der Konstanzer Neuropsychologe Thomas Elbert (2022) in einer Studie heraus, dass 95 % der 16-jährigen jungen Männer Ballerspiele wie „Fortnite" spielten, dagegen kaum 5 % von jungen Frauen: „Bei den Jungs gibt es eine stärkere intrinsische Faszination für Kampf und Auseinandersetzung." Im Roman *Echtzeitalter* von Tonio Schachinger (2023), der mit dem Deutschen Buchpreis 2023 ausgezeichnet wurde, wird der Spieß umgedreht: Die Mutter des Protagonisten Till nennt dessen spielerisches Paralleluniversum zwar „digitale Amokläufe", die ihn aber die Freiheit, die er in der Schule und Familie verloren hatte, zurückgewinnen lässt.

Mit dem Hass im Internet, der sich in Wahnsinnsgeschwindigkeit nicht nur über die USA ausbreitet, könnte der fast schon traditionelle Amok zum neuen Amok, zum AMOK 4.0 oder KOMA 1.0, geworden sein. Auch da kann man von einem „Wendepunkt der Geschichte" sprechen, wie der britische Philosoph John Gray (2020) das mit Blick auf die Corona-Krise getan hat und den Höhepunkt der Globalisierung überschritten sieht. Dieser Wendepunkt trifft auf eine junge Generation, die Millennials, denen viele Psychologen bescheinigen, die meistgestresste Generation aller Zeiten, also regelrechte Globe-Trottel zu sein.

Wie sagte doch Trump so aufschlussreich, als er 2016 noch Präsidentschaftskandidat war: „Ich bringe die Wut raus. Das war schon immer so." Damit und mit seinen aktuellen Äußerungen reißt er den Graben weiter auf, der die Gesellschaft weiter spaltet, und verbreitet Verachtung, Häme, Lügen und Hass. Am Ende werden er und seine Follower sich womöglich dem Glauben hingeben, dass sich die Probleme nur mit Gewalt lösen ließen. Schon Trumps Vater bläute seinem Sohn das Lebensmotto ein: „Du bist ein Killer, du bist ein König." Medienforscher wie der Stanford-Professor Shanto Iyengar schließen inzwischen nicht mehr aus, dass die extremen Gegensätze, auch zwischen den Parteien, sich in Gewalt entladen könnten und es bei Wahlkampfveranstaltungen zu Schießereien und Attentaten kommen könne (Zaschke 2019).

Dass die USA die „Attentat-Lotterie" anführt, wie David Clay Large (2024b) sie bezeichnet, beweisen nicht nur Attentate auf Präsidenten des Landes. So wurden vier Präsidenten während ihrer Amtszeit erschossen: Abraham Lincoln (1865), James Garfield (1881), William McKinley (1901) und John F. Kennedy (1963). Eine Reihe von Attentaten scheiterten wie die gegen die amtierenden Präsidenten Andrew Jackson (1835), Harry S. Truman (1950), Gerald Ford (1975 zweimal) und Ronald Reagan (1981). Im Wahlkampf 1912 wurde der frühere Präsident Theodore Roosevelt von einer Kugel getroffen und verletzt, der gewählte Präsident Franklin D. Roosevelt wurde 1933 bei einer Rede in Florida angeschossen. Hier reiht sich auch Donald Trump ein, der in einer Wahlkampfveranstaltung in Butler, Pennsylvania, von einem Schuss leicht verletzt wurde. Dabei starb eine Person, und es gab zwei Schwerverletzte. Im Attentatsversuch zwei Monate später am Golfplatz in Florida kam niemand zu Schaden. Die Liste der angeschossenen und erschossenen Politiker und Aktivistinnen ist sehr lang, wenn man an die Todesschüsse auf den Senator und Präsidentschaftskandidaten Robert F. Kennedy und Martin Luther King Jr. von 1968 denkt. Letztlich gehört dazu auch die Sprengung des Alfred P. Murrah Federal Building in Oklahoma City 1995 durch den Rechtsterroristen und Waffennarr Timothy McVeigh mit 168 Toten und Hunderten Verletzten (Burghardt 2025). Die demonstrative Begnadigung der Erstürmer des Kapitols von 2021 durch Trump kommt da nicht nur einem Landesverrat, sondern auch einer Rache mit der Botschaft „Macht weiter so!" gleich. Wie oft wird wohl Martin Luther Kings „I have a dream" beim Marsch auf Washington von 1963 noch ausgeträumt?

Auch im Western-Film „Rio Bravo" von 1959, mit John Wayne in der Hauptrolle, wird deutlich, dass die Attraktion der Gegensätze schon immer das US-amerikanische Modell repräsentierte. In Gegensätzen wie gesellschaftliche Dynamik und soziale Kälte, Toleranz und Fundamentalismus, Friedensmission und Kriegstreiberei spiegeln sich Vorbild und missbilligende Fratze sowie die begeisternden und polarisierenden Vereinigten Staaten von Amerika.

Nicht ohne Grund hat die *Washington Post* das „Angrytariat“ verkündet, in dem die Empörer und Empörungsbewussten das Zepter übernommen hätten und die Realitäten, die es oft gar nicht gebe, benutzten, um ihre aufgebrachten Reaktionen loszuwerden. Es spricht in den USA, aber auch in Europa viel dafür, dass die Rechtfertigung des Schutzes vor Gewalt und die moralische Entrüstungsstrategie als Mittel der Kommunikation sich zu einer neuen Gewaltfähigkeit der Gegenwartsgesellschaft verbinden (Zekri 2020; Beck/Schlichte 2017). Der Hass als Waffe hat schon immer eine angstgesteuerte Geisteshaltung befördert – mit der Folge, Bürger von Bürgerinnen zu trennen und eine Nation zu zerreißen, wie die britische Schriftstellerin A. L. Kennedy (2020) befürchtete, und dass das auch der Brexit nach sich ziehen würde.

Manchmal heiligt das Ziel die Mittel. Oft sind die Kosten der Regeln des Waffenbesitzes und nicht ihr tatsächlicher Nutzen ausschlaggebend dafür, dass sie etabliert werden. Das kann man auch an der Legalisierung von Cannabis ablesen oder wenn Casinos wieder geöffnet werden, um die klamme Staatskasse zu füllen. Besonders deutlich wurde das auch in Israel, nachdem die neue rechts-religiöse Regierung von Benjamin „Bibi“ Netanjahu 2022 an die Macht gekommen war. Man wollte die Vorgaben für den Waffenbesitz lockern, damit mehr Waffen auf die Straßen kommen und „sich Israels Bürger selbst verteidigen können“, wie Itamar Ben-Gvir, der rechtsextreme Minister für Nationale Sicherheit sagte. Das sollte nicht nur auf den Straßen, sondern auch während der Gebetszeiten in den Synagogen gelten, wie der Polizeirabbiner Rami Brachyahu verkündete (Münch 2023).

Nach dem Terrorangriff der Hamas am 7. Oktober 2023 wurden die Vorgaben weiter gelockert, und die private Aufrüstung mit Waffen nahm stark zu. Auch wenn eine Frau beim Kauf der passenden Pistole sagte, wie der damalige Israel-Korrespondent der *Süddeutschen Zeitung*, Peter Münch (2024), berichtet: „Ich hoffe, ich muss sie niemals benutzen.“ Worauf der Waffenhändler Shai Leve ihr zurief: „Nutze sie oft. Je öfter ihr sie benutzt, desto weniger Terroristen haben wir.“ Klingt schon fast wie NRA-Sprech. Dabei sind die Israelis noch ein Stück weiter, denn es gibt bereits Pistolengurte für Hunde. Kritiker befürchten US-amerikanische Verhältnisse, Bürgerkrieg nicht ausgeschlossen, wie der frühere Verteidigungsminister Benny Gantz von sich gab. Oder hat das Ganze letztlich nur mit der Landnahme der Siedler zu tun, um die Palästinenser in Schach zu halten? Nicht erst seit Trump den ehemaligen Präsidentschaftsbewerber und christlichen Nationalisten, Mike Huckabee, im April 2025 zum US-Botschafter in Jerusalem ernannte, unterhalten viele Evangelikale in den USA finanzielle und politische Beziehungen zu radikalen Siedlern im Westjordanland. „Sie glauben, dass die zweite Wiederkunft Christi erst stattfinden kann, wenn alle Juden ins Heilige Land zurückgekehrt sind“ (Schindler 2025: 12).

Zurück zu den USA: Verbirgt sich hinter diesen Geschehnissen und verqueren Debatten ein Abdriften der USA zu einer illiberalen Macht, die einmal Freiheit und Demokratie auf ihre Fahnen schrieb, um sich von den die „Aufklärung leugnenden Herrschern im alten Europa“ (Kornelius 2020) abzugrenzen? Im Track „We Come in Peace“ singt Bobby Conn in seinem neuen Album zur US-amerikanischen Außenpolitik: „We are your friends, we come in peace / we brought our guns to set you freee-heeheheee … Success! Come to our side! You know we are right! … Say good bye to all your history! Come and join our family!“

Wenn Querdenker in eine Welt des *Nonsense* abwandern und sich verirren, wird es für sie schwer, wieder in die Realität zurückzufinden. Leichter finden sie im Muster „Us, them, good, evil“ einen passenden Feind, wie das *Americafest 2021* eine Woche vor Weihnachten in Phoenix, Arizona, gezeigt hat. Daran nahmen nicht nur Rechtsrepublikaner wie Sarah Palin und Donald Trump Jr. teil. Dort war auch der 18-jährige Kyle Rittenhouse anwesend, der im August 2020 während einer „Black Lives Matter“-Demonstration in Kenosha, Wisconsin, zwei Männer erschossen hatte, aber vor kurzem wegen Notwehr freigesprochen wurde. Für die Rechte in den USA wurde er zum Märtyrer, weil er angeblich einem Lynchmord hasserfüllter Demokraten entkommen sei (Wetzel 2021c).

Auch wenn so manche Auslöser, Abläufe und Opfermerkmale bei Amokläufen weltweit ähnlich sind, befördern die US-amerikanischen Lebensumstände und politischen Verhältnisse den Amoklauf in besonderer Weise. Auch der Dokumentarfilm von Eugene Jarecki über Elvis Presley „The King: Elvis und der amerikanische Traum“ (2017) sieht das Leben des King einerseits als ein Symbol für die Vereinigten Staaten. Andererseits ist es ein Opfer der Gier und des Kapitalismus, eine Erfolgsgeschichte, errichtet auf den Schultern von Sklaven und Ausgegrenzten, von Eroberern und Eroberten. Mit anderen Worten, aus diesem anderen „Commonwealth“, dem großen Land des Reichtums, ist nie ein auf das Gemeinwohl ausgerichtetes Gemeinwesen entstanden. Für den Rechtswissenschaftler Jedediah Purdy ist daher der Beginn der Geschichte der USA „mit einer Landnahme historischen Ausmaßes“, also mit Reichtum und Armut im eroberten und ungleich verteilten Boden, ebenso verbunden wie mit der „Kluft zwischen weißem und schwarzem Wohlstand“ und der „auf Ungleichheit beruhenden Demokratie“ (Purdy 2020; Haaf 2020b). Oder wie der Comedian Dieter Nuhr (2008: 27) einmal die USA beschrieb: „In Amerika sieht man die Welt sehr gerne in Schwarzweiß.“

Die Vereinigten Staaten waren schon immer auch anders, wie ihre Einstellung zum Kommunismus zeigt. Sie sind ein Land ohne Kommunismus. Nach dem Zweiten Weltkrieg führte das zur Kampagne gegen „unamerikanische Umtriebe“ unter dem republikanischen Senator Joseph McCarthy. Für die US-Amerikaner wird dafür vor allem der extreme Liberalismus verantwortlich gemacht, während der deutsche Antikommunismus immer wieder auf die faschistische Haltung im Dritten Reich und die autoritären Traditionen Deutschlands zurückgeführt wird (z. B. Sana 1989: 35). Aber auch US-Amerikaner sind nur Menschen und ihre Nation nicht die Endstation der Gesellschaftsentwicklung. Wie ist es möglich, fragen sich sogar frühere Republikaner wie Bill Kristol (2022), dass im Oval Office das Gift der Demagogie freigesetzt werde und der Feindseligkeit, Fremdenfeindlichkeit und dem Autoritarismus Tür und Tor öffne?

Die Vereinigten Staaten leugnen auch gerne ihre eigene Geschichte, vor allem die der Indigenen und Sklaven – um sie andererseits wieder zum Mythos zu machen. Die Dokumentarfilmerin Laura Poitras (2023), die 2023 für ihren Dokumentarfilm „All the Beauty and the Bloodshed“ bei den Filmfestspielen in Venedig den Goldenen Löwen gewann, macht es noch deutlicher: „Ein Land, das sich nicht mit seiner Vergangenheit auseinandersetzt und Menschen zur Verantwortung zieht, wird immer dieselben Ungerechtigkeiten wiederholen. Das ist das Wesen Amerikas: Wir setzen uns nicht mit unserer Geschichte auseinander. Wir tun einfach so, als wären Sklaverei und andere Verbrechen nie geschehen.“ Gewalt und Waffen miteingeschlossen. Das erinnert wiederum an den

Plantagenbesitzer und Anführer der Südstaaten im amerikanischen Bürgerkrieg, Jefferson Davis, für den die Sklaverei „die humanste Beziehung zwischen Arbeit und Kapital … und die beste Form von Führung" gewesen sei (Gerste 2024).

Der amerikanische Traum bestand vor allem in der Hoffnung auf eine bessere Zukunft, insbesondere der Einwanderer. Da stellt sich die Frage, ob heute noch jemand an den amerikanischen Traum glaubt. Jedenfalls ist der Historikerin Jill Lepore (2019) zuzustimmen, wenn sie in ihrer *Geschichte der Vereinigten Staaten von Amerika* schlussfolgert: „Eine Nation, die im Widerspruch mit sich selbst geboren wurde, wird für immer um den Sinn ihrer Geschichte kämpfen". Und doch kommt sie in einem Interview mit dem *Spiegel* zu dem Schluss, dass das „amerikanische Projekt" nicht auf demografische Kategorien reduziert werden könne, sondern ihm der Glaube an Gerechtigkeit zugrunde liege: „Es ging darum, eine Hierarchie, die auf Identität basiert, durch Gleichheit zu ersetzen" (Lepore 2020b: 135). Stattdessen finde ein ständiger Konflikt zwischen individueller Freiheit und Gleichheit auf der einen Seite und Unterdrückung und ökonomischer Ungleichheit auf der anderen Seite statt.

So wird von Trump-Anhängern Gerechtigkeit links einsortiert und einem drohenden Sozialismus zugeschrieben. Aber haben weniger Staat, mehr Eigeninitiative und Spendenbereitschaft Not und Armut, Ungleichheit und Ungerechtigkeit merklich zurückgefahren? Immerhin steht schon in der Unabhängigkeitserklärung, „dass alle Menschen gleich geschaffen wurden". Das mag nach wie vor ein Mantra sein, von einem nationalen Selbstverständnis ist es noch weit entfernt. Da könnte man auch die Ex-Vizepräsidentin der Vereinigten Staaten, Kamala Harris, beim Wort nehmen, hat sie doch ihrer Autobiografie den Titel *Der Wahrheit verpflichtet* gegeben.

Deshalb haben wir auch Zweifel, ob der Kommunikationswissenschaftler Norbert Bolz mit seiner *Sinngesellschaft* und der darin geäußerten These Recht hat, dass Pessimismus Denkfaulheit sei, weil wir unsere Welt als gelungen zu betrachten hätten (Bolz 2012). Dann wäre wohl alle Kritik im Eimer und Maul halten die Devise, auf dass wir so weiter machen (können) wie bisher.

Genau dem versuchte unlängst der langjährige Bürgermeister von Kamp-Lintfort am Niederrhein, der Sozialdemokrat und Ex-Richter

Christoph Landscheidt, entgegenzutreten, als er sich von Rechtsextremen bedroht fühlte und den „großen Waffenschein“ beantragte. Er wollte sich und seine Familie schützen, da polizeiliche Hilfe in seiner Gefährdungslage nicht rechtzeitig erreichbar sei. Der Antrag wurde abgelehnt. Viele Niederrheiner protestierten und traten dafür ein, dass man ihm Polizeischutz gewähre, aber keine Schusswaffe (Wernicke 2020).

Kurze Zeit später kommt es in Rot am See in Baden-Württemberg dazu, dass ein junger Mann seine Eltern und vier weitere enge Verwandte erschießt. Er hatte als Sportschütze eine Waffenbesitzkarte, die ihm erlaubte, eine Waffe zu kaufen und aufzubewahren. Auch der rassistisch motivierte Täter von Hanau war ein Sportschütze und tötete neun Menschen, danach seine Mutter und sich selbst. Nach Angaben des Journalisten Roman Grafe (2019) seien seit 1990 in Deutschland mehr als 250 Menschen durch Sportschützen getötet worden. Als Sportschütze hatte er einfach Zugang zu einer Waffe, auch wenn er neben dem Bedürfnis, der Sachkunde und der Zuverlässigkeit auch noch die geistige Eignung nachweisen musste. Nur solche Kriterien können Emotionen und Situationen nicht ausschließen, die zu Gewaltakten führen. Das haben schon die Amokläufe in Erfurt 2002 und in Winnenden 2009 demonstriert, bei denen die Täter ebenfalls aus dem Sportschützenmilieu kamen. Immerhin gibt es in Deutschland 1,35 Mio. Mitglieder in Schützenvereinen. Auch der Amokläufer und ehemalige Schüler des Bundesoberstufenrealgymnasiums (BORG) in der Dreierschützengasse von Graz, dem am 10. Juni 2025 neun Jugendliche und eine Lehrerin zum Opfer fielen, hatte mit seinen Waffen in einem Schützenverein trainiert. Auch Österreich hat eine lange Waffentradition mit einem sehr liberalen Waffengesetz, das jetzt ein wenig verschärft wurdemit der weltbekannten Pistolenfirma Glock im Hintergrund (Mayer 2025).

Nicht nur in den USA, auch hierzulande stellt sich daher die Frage: Sich wehren, aber wie? Keine guten Aussichten, weder wissenschaftlich noch alltagspraktisch, auch wenn der Mensch ein findiger Anpasser ist. Aber nicht ohne Wenn und Aber! Also, einigen wir uns auf eine Gegenresolution zur Trump'schen Devise „Make America Great Again“ mit dem Titel „Make America Normal Again!“ Denn der MAGA-Slogan stammt aus der alten Vorstellung des Besonderen, der Ausnahmestellung der USA, was nichts anderes heißt, als anderen Ländern überlegen zu sein und Vorbild sein zu wollen. Insofern reicht es auch nicht, zur Normalität zurückzukehren, sondern „Make America Better Again!“ Und das soll vor allem heißen: gerechter und weniger gespalten, und es nicht dem Trump'schen Erbe eines vergifteten US-Amerikas überlassen, in dem alles nur in Aufregung ist und das Leben zur Show wird. Und was macht Wladimir Putin? Er wird zum Amokläufer, indem er sich nicht als Mensch, sondern als Russe definiert, wie der Schriftsteller Helge Timmerberg (2022) in einem Brief an ihn zum 70. Geburtstag nahelegt. Putin wurde im Jahr des Ukraine-Kriegs gerade 70 und bestraft jetzt die Welt, nicht sein Leben, weil er zu spät geht.

Sie könnten ja besser werden diese Vereinigten Staaten, hatte doch Winston Churchill schon gesagt: „Man kann sich immer darauf verlassen, dass die Amerikaner das Richtige tun, nachdem sie alles andere ausprobiert haben.“ Nur darüber beklagen sich inzwischen Schriftsteller wie Walter Laufenberg, weil man die Realität noch verrückter gestalte, als die Satiriker sie sich ausdenken könnten: „Weil sich in San Francisco die Zahl der Schusswaffen-Opfer im ersten Halbjahr 2021 verdoppelt hat, wollen Stadt und Polizei das Problem jetzt mit einem neuen Programm beheben: Bekannte Kriminelle sollen monatlich bis zu 500 Dollar erhalten, wenn sie mit ihrer Waffe niemanden erschießen“ (Laufenberg NETzine 866. Ausgabe Passiertes! – Passierte es?). Wir brauchen keine satirische, sondern normale, möglichst bessere Vereinigte Staaten von Amerika!

Dann würde es auch Sinn machen, die frühere Außenministerin Madeleine Albright unter Bill Clinton als Patin einzuladen, für die die USA die „indispensable nation“, die „unverzichtbare Nation“, war. Auf dass die USA nicht an einem auf *Truth Social* lügenden und wütenden Präsidenten und an schießwütigen Amokläufern zerbrechen möge und die Vereinigten Staaten nicht zu den Nicht-Vereinigten Staaten werden! Deshalb muss ja nicht vor dem Weißen Haus schon ein Container stehen, auf dem geschrieben steht: „Bitte Waffen einzeln einwerfen!“ Die US-Amerikaner werden sich nicht in die utopische Wildnis zurückziehen, um jedem Individuum die Macht über sein Schicksal zu bescheren.

3.2 Die USA auf dem Weg in eine Gefängnisgesellschaft?

Angesichts dieser Umstände stellt sich die Frage, ob die US-Amerikaner zwischen der Gefängnisgesellschaft und dem neuen Wilden Westen wählen sollen und die Waffe zum Freiheitsgespinst machen, wie es unlängst Trevor Noah, der Moderator der „Daily Show" auf *Comedy Central* getan hat. Er bezog sich auf die Forderung nach einem weiterhin unbeschränkten Waffenbesitz des konservativen Fernsehmoderators Sean Hannity, der Trump sehr nahesteht. Er wird dann in der *Süddeutsche Zeitung* vom 8. August 2019 mit folgendem Statement zitiert: „Nach Hannity hat Amerika nicht zu viele Waffen, sondern nicht genug. Nach jedem Massaker hört man, dass man überall bewaffnete Sicherheitskräfte einsetzen soll. Doch in Parkland, in Las Vegas gab es sie, die Polizei in Dayton reagierte in weniger als 30 s. Trotzdem starben hier neun Menschen. Und doch kann es Polizisten geben wie in Parkland, die sich aus Angst nicht ins Schulgebäude trauen, oder Einsatzleiter, die ihre Einsatzkräfte nicht ohne Schutzschilde in die umkämpften Räume schicken wie in Uvalde. Waffengewalt kann überall ausbrechen. Sollen wir also Wachen in jeder Mall, Bar, Schule, jedem Theater, Kino, jeder Kirche postieren? Hannity pocht auf die Freiheit der Amerikaner. Aber wenn diese Amerikaner in einer Welt der Zäune, Kontrollen, Detektoren und Wachen überall im öffentlichen Raum leben müssen, dann sind sie eine Gesellschaft im Gefängnis, für die nur eins frei ist: ihre Waffen." Also, spitzen wir das Problem wieder auf die zentrale Frage zu: *Bewaffnete Gewalt oder gesetzliche Waffen?*

Diese Freiheit wird zum Massaker, wie die Schießerei des 22-Jährigen bei der Independence Day Parade am 4. Juli 2022 im Vorort Highland Park von Chicago demonstrierte und zu sechs Toten und vielen Verletzten führte. Nicht nur in Chicago, wo es auch zu einer zweiten Schießerei an diesem 4. Juli 2022 kam, auch in Kansas City und in Richmond, Virginia. Im ganzen Land gab es an diesem Feiertagswochenende zehn Massenschießereien. Da kann man dem Gouverneur von Illinois, J. B. Pritzker, nur zustimmen, wenn er die Nation anprangerte, die sich selbst der Freiheit verweigere, einer Freiheit, „ohne tägliche Angst vor Waffengewalt zu leben" (Fellmann 2022b).

Dass es schon so weit ist, darauf deutet auch der Konflikt um die Red-Flag-Gesetze, also die Warnsignale, in einigen US-Bundesstaaten hin. Um mögliche Gewalttäter rechtzeitig zu entwaffnen, soll die Polizei Schusswaffen von Personen konfiszieren können, wenn diese vom zuständigen Richter als gefährlich eingestuft werden. Zunächst kommt es zu einem Kontaktverbot der gefährlichen Person; erst später kann sie dagegen gerichtlich vorgehen. Und schon flammte der Konflikt auf, z. B. im Bundesstaat Colorado, wie Hubert Wetzel (2019/2020) von vor Ort berichtete. Für die einen, nicht zuletzt den Sheriffs, sei das verfassungswidrig, weil diese Maßnahmen gegen das Recht des freien Waffenbesitzes und das Recht des Bürgers vor willkürlicher Durchsuchung verstießen. Andere finden es wiederum angemessen, dass gefährliche Menschen keine Waffen besitzen sollten.

Der Nobelpreisträger Joseph Stiglitz (2025) brachte es auf den Punkt: „Wir haben jedem Elternteil und jedem Kind in diesem Land die Freiheit von Angst genommen, um die Freiheit zu gewähren, eine Waffe zu tragen. Was ist wichtiger: die Freiheit, ein Gewehr zu tragen, oder die Freiheit zu leben und frei von Angst zu sein? Jede vernünftige Gesellschaft würde meiner Meinung nach zu dem Schluss kommen, dass die Freiheit zu leben und die Freiheit von Angst wichtiger sind." Viele Menschen wissen offenbar gar nicht mehr, was relative Freiheit ist, weil sie „verdorben durch die Selbstverständlichkeit der Freiheit" seien, wie der ewige Zeitzeuge der Gegenwart, Paul Lendvai, urteilt. „Wir leben in einem Zeitalter des Opportunismus und der Kapitulation" (Lendvai 2025a, 2025b). Für Opportunisten wie Trump scheint nichts mehr selbstverständlich zu sein und damit der Opportunismus zur anderen Seite der Freiheit zu werden.

Und schon wieder spiegelt sich darin der andauernde Konflikt zwischen Republikanern, die vor allem für die erste Auslegung eintreten, also die Freiheit, ein Gewehr zu tragen, und Demokraten, die mehrheitlich den zweiten Standpunkt vertreten, also die Freiheit zu leben. Immer wieder treffen bewaffnete Gewalt und gesetzliche Waffen aufeinander, auch weil der historische Boden die Waffengewalt erdet. Diese auf Streit ausgerichtete Erdung, die die Republikaner zunächst im Klassiker „God, guns and gays" sahen, wurde von Trump erweitert und reicht inzwischen von Weihnachten über Football und Fernsehprogramm bis Einwanderung (vgl. Wetzel 2020a).

Das erinnert wiederum an den Präsidentschaftswahlkampf zwischen Ronald Reagan und Amtsinhaber Jimmy Carter, der mit der Fernsehserie „Dallas" in Verbindung gebracht wurde. Die dritte Staffel der Fernsehserie „Dallas" endete nämlich im Frühjahr 1980 mit dem Abspann und der Frage, wer auf J. R. geschossen habe, nachdem J. R. Ewing, der Bösewicht der Serie, in der 54. Folge „A House Divided" von Schüssen getroffen wurde. Die Frage „Wer schoss auf J. R.?" wurde daraufhin auf so manchem T-Shirt beantwortet, auf dem dann wahlweise zu lesen war: „Ein Republikaner/Demokrat schoss auf J. R.!" Als die Ausstrahlung der Serie nach der Wahl im November 1980 wieder aufgenommen wurde, stellte die 58. Folge mit „Who Done It?", also „Wer hat auf J. R. geschossen?", einen neuen Zuschauerrekord auf. Auch „typisch USA"?

Wie Republikaner Waffen mit Freiheit und Abtreibung mit Mord in Verbindung bringen, so tun das Demokraten mehrheitlich umgekehrt, nämlich Abtreibung mit Freiheit und Waffen mit Mord zu verbinden (Lepore 2020b: 135). Auch Ex-Präsident Joe Biden scheiterte mit seinem Vorhaben, strengere Regeln beim Waffenverkauf einzuführen und halbautomatische Waffen ganz zu verbieten. Natürlich muss sich etwas ändern, aber die Frage ist: Was? Strengere Waffengesetze oder erhöhte Sicherheit an den Schulen (Schmieder 2022b)? Das reicht nicht, auch weil es vielen schon reicht: Die Gesellschaft muss sich ändern!

Nicht zuletzt stellt sich die Frage, wer über dem Gesetz steht: der Sheriff, der sich auf den Zweiten und Vierten Zusatzartikel der US-amerikanischen Verfassung beruft und seine Untergebenen anweist, das Red-Flag-Gesetz zu ignorieren, oder der Bundesstaat, der die Waffengesetze verschärfen will und ein entsprechendes Red-Flag-Gesetz beschließt? In republikanisch regierten Bundesstaaten wird das ohnehin „als Angriff auf das Recht auf freien Waffenbesitz" gesehen. Wer zeigt hier wem die rote Karte? Daran wird die im Juni 2022 im Kongress zustande gekommene Gesetzesänderung auch nichts ändern, Waffenkäufer im Alter von 18 bis 21 Jahren auf bereits verhängte Jugendstrafen zu überprüfen, um das Risiko von jungen Gewalttätern zu senken, die Waffen kaufen. Dass der Kongress in den nächsten fünf Jahren viel Geld für die Förderung der „mentalen Gesundheit" junger Menschen und die Verbesserung der Sicherheit an Schulen ausgeben wollte, machte das Waffenproblem zu einem Gesundheitsproblem, wie Hubert Wetzel (2022b) argumentierte. Fast gleichzeitig kippte der Supreme Court ein Gesetz des Bundesstaates New York, das für eine Waffenlizenz zwingende Gründe vorsah. Mit anderen Worten, es verstoße gegen den 2. Verfassungszusatz, der das Recht auf Tragen einer Waffe auch außerhalb der Wohnung schütze.

Also, uneinig bis zum Bürgerkrieg? Sogar nach der Football-Siegesparade der Kansas City Chiefs im Februar 2024 gab es eine Schießerei, was fast schon daran glauben lässt, dass sich Bürger und Bürgerinnen mit Waffen verständigten und bekriegten. Fragen über Fragen, die viel Unsicherheit und Konfliktpotenzial in der US-amerikanischen Gesellschaft preisgeben und die Vereinigten Staaten auf lange Sicht zu den Nicht-Vereinigten Staaten machen. Aber wir haben noch nicht die Hoffnung aufgegeben, dass irgendwann in den USA das Buch *Früher begann der Tag mit einer Schusswunde* von Wolf Wondratschek zum Bestseller wird und die Gefängnisgesellschaft an sein Ende kommt.

4

Von Swifties zu Trumpies: Die affektiven Kräfte im MAGA-Spektakel

Inhaltsverzeichnis

F. Mehring, H. Strasser, *Die USA im kollektiven Ausnahmezustand*,
https://doi.org/10.1007/978-3-658-51160-9_4

©Martin Goppelsröder

„Warum um alles in der Welt ist dieses Rennen so knapp?", fragte Michelle Obama im Oktober 2024 auf einer Wahlkampfveranstaltung für Kamala Harris im Swing State Michigan. Die Frage markiert ein verbreitetes Unverständnis sowohl in den USA als auch international: Wie kann Donald Trump trotz zahlreicher Anklagen, offener Angriffe auf demokratische Institutionen und dokumentierter Frauenfeindlichkeit weiterhin breite Unterstützung mobilisieren? Zusätzliche Brisanz gewinnt dies durch den Verweis auf den 14. Zusatzartikel der US-Verfassung, der Personen von öffentlichen Ämtern ausschließt, die an „Aufstand oder Aufruhr" beteiligt waren oder entsprechende Feinde „unterstützt oder begünstigt" haben (Gerste 2024).

Die Erklärung für diese Dynamik findet man weniger in klassischer Ideologie oder politischer Programmatik als in der affektiven Wirksamkeit von Trumps öffentlichen Auftritten. Im Folgenden gehen wir der These nach, dass seine Kundgebungen nicht dem Muster klassischer politischer Veranstaltungen folgen. Vielmehr erscheinen sie als emotional aufgeladene Spektakel, musikalisch gerahmt und dramaturgisch inszeniert, getragen von der Energie eines Popkonzerts. Vor diesem Hintergrund richtet sich der Blick darauf, wie diese politische Praxis als performatives Ereignis analytisch zu fassen ist.

4.1 Politik als Performance und die emotionale Architektur des Trumpismus

Auffällig ist, dass die performative Dimension von Trumps Auftritten in vielen deutschsprachigen Deutungen unterbelichtet bleibt. Häufig dominieren in der Medienlandschaft Text- und Skandalperspektiven: Trumps Sprache, einzelne Zitate, juristische Konflikte. Seine Bindekraft entfaltet sich vor allem im US-amerikanischen Kontext wesentlich über das, was Philip Auslander (2008) als *Liveness* beschreibt: eine inszenierte Unmittelbarkeit, die Intimität und Authentizität suggeriert. Trumps Kundgebungen erzeugen diese Wirkung nicht primär durch Argumente, sondern durch Atmosphäre, Wiedererkennung und Musik. Populärkultur spiegelt Realität nicht nur, sie organisiert Gefühl und Zugehörigkeit.

Lawrence Grossberg (1992) beschreibt dies als „affektive Landkarten“: Muster, in denen Menschen Bedeutung als Intensität erleben. Genau so funktioniert Musik auch im MAGA-Spektakel. Sie verwandelt politische Botschaften in ein gemeinsames Erleben, bei dem der konkrete Inhalt der Rede oft hinter dem Gefühl zurücktritt, Teil einer Bewegung zu sein.

Eindrucksvolle Beispiele sind Wahlkampfvideos und Großkundgebungen im politischen Wahljahr 2024. Die Veranstaltungen wirkten oft wie eine kollektive Selbstvergewisserung: Fan-Artikel wie MAGA-Kappen, US-Flaggen, Sprechchöre, eine sorgfältig kuratierte Playlist von Lee Greenwoods patriotischem „God Bless the USA“ bis zu popkulturellen Tanzklassikern wie „YMCA“. Dass Trumps „God Bless the USA Bible“ nach der Amtseinführung stark nachgefragt wurde, passt in dieses Setting der symbolischen Aufladung. Die Inszenierung erinnert in ihren Ritualen an Pop-Fankulturen, etwa an Großkonzerte wie Taylor Swifts „Eras“-Tour als an eine Politikveranstaltung. Der Begriff „Fandom“ beschreibt Formen gemeinschaftlicher Identität, die über wiederholte Symbole, Kreativität und geteilte Praxis stabilisiert werden (Jenkins 1992; Carroll 2025). In diesem Sinn ist MAGA sowohl politische Basis als auch politisches Fandom: geprägt von Ritualen, Symbolen und performativer Zugehörigkeit. Musik wirkt dabei als klanglicher Kitt, der emotionale Kohärenz herstellt.

US-Präsidenten haben dieses Potenzial schon lange genutzt. Diese reichen von Roosevelts Radioansprachen über Reagans symbolische Aneignung von Bruce Springsteens Rockhymne „Born in the U.S.A.“ bis zu Bidens Soundtracks, die politische Botschaften in musikalisch kodierte Gefühlswelten übersetzen (Schoening/Kasper 2011: 155). Barack Obama verstand die emotionale Kraft der Musik ebenfalls, allerdings mit anderer Funktion: Seine Gesangseinlagen wie „Sweet Home Chicago“ im Weißen Haus während der Veranstaltung „In Performance at the White House: Red, White and Blues“ im Februar 2012 oder „Amazing Grace“ während der Trauerrede für Reverend Clementa Pinckney und die anderen Opfer des Anschlags auf die Kirche in Charleston in der Mother Emanuel AME Church in South Carolina im Juni 2015 dienten der Inszenierung von Trauer, Heilung und moralischer Gemeinschaft (Mehring 2023: 496). Musik ist, wie Tia DeNora (2000: 163) treffend formuliert, nicht nur ein

Spiegel sozialer Wirklichkeit, sondern auch eine Ressource ihrer fortlaufenden Konstruktion.

Wie stark Musik als Bedeutungsinstrument wirkt, zeigte sich bereits während der COVID-19-Pandemie, als der Wahlkampf bei Republikanern und Demokraten in den digitalen Raum auswich. Bidens Team nutzte kurze Clips für soziale Netzwerke, in denen Musik gezielt die Deutung steuerte. Ein Beispiel kombinierte Bildmaterial aus einer Trump-Townhall am Lincoln Memorial mit Justin Timberlakes „Cry Me a River". Trumps Selbstinszenierung als missverstandener Staatsmann wurde durch den Song ironisch gebrochen; die eingeblendete Textbotschaft („… fast 70.000 Tote … Cry me a river, Herr Präsident") verstärkte den Effekt. Die Strategie der Demokraten, vorhandenes Material über Ton und Kommentar umzudeuten, hat historische Vorläufer: So arbeitete zum Beispiel Frank Capra in seiner Propagandareihe *Why We Fight* im Zweiten Weltkrieg mit gegnerischem Filmmaterial des Nationalsozialismus, das durch neue Rahmung gegen seine ursprüngliche Intention gewendet wurde (Rollins/O'Connor 2008) und nun die eigene US-amerikanische Bevölkerung für den Kampf gegen Hitlers Diktatur anspornte. Auch spontane Musikeinsätze können politische Deutungen verschieben.

So erklang beispielsweise bei Trumps Besuch in der Maskenfabrik Honeywell in Arizona im Mai 2020 über Lautsprecher „Live and Let Die" von Paul McCartney and The Wings. Diese Musikwahl kommentierte die Szene auf dramatische Weise, ohne ein Wort zu sagen. Der Song wurde über die interne Soundanlage der Fabrik gespielt, aber die Entscheidung stammt mit hoher Wahrscheinlichkeit nicht direkt von Trump, sondern von dortigen Mitarbeitern. Der Subtext war dabei kaum zu überhören: Der Titel „Leben und sterben lassen" stand in ironischem Kontrast zu einer Fabrik, die Schutz vor Krankheit und Tod produziert, und verwies zugleich auf Donald Trumps anfängliche Ablehnung des Maskentragens. Die Musik insinuierte damit eine kritische Distanz zu seiner früheren Haltung und verlieh dem Auftritt eine latent zynische, fast makabre Bedeutung. Solche Episoden zeigen: Musik ist im politischen Kontext kein Dekor. Sie rahmt Bilder, mobilisiert Affekte und kann Inszenierungen binnen Sekunden umcodieren (Mehring 2020).

Im Wahlkampf 2024 nutzte Trump Musik weniger, um zu versöhnen, als um die MAGA-Zugehörigkeit zu stabilisieren. Er setzte auf Nostalgie und Wiedererkennung durch konsequente Wiederholung von Versatzstücken. Eine idealisierte Vergangenheit, weiß, christlich, männlich, triumphierend, wird über vertraute Songs emotional präsent gemacht. Musik avanciert damit zum Medium politischer Erinnerung und zur Flucht aus der Komplexität. Trumps Playlist ist, übrigens ähnlich wie bei den Demokraten, nicht beliebig: Sie choreografiert Zugehörigkeit. Oder, wie der ehemalige MAGA-Influencer Rich Logis in einem Interview sagte, dass MAGA eine zweite Familie sei, „ein Ort, an dem Menschen ein Gefühl der Zugehörigkeit, des Zusammenhalts und der Kameradschaft erleben" (Logis 2025). Musik bildet eine zentrale affektive Infrastruktur im politischen Spektakel der Trump-Kundgebungen. Natürlich dient sie der Unterhaltung, aber sie ersetzt auch zunehmend den klassischen politischen Diskurs, indem sie Kritik suspendiert und rationale Auseinandersetzung durch emotionale Mobilisierung überlagert. Die Veranstaltungen fungieren mehr und mehr als Bühnen eines Gefühlstheaters. Wie Brian Massumi hervorhebt, entzieht sich der Affekt den Grenzen rationalen Denkens: Er wirkt als vorbewusste, körperlich empfundene Intensität (Massumi 2002: 35). Auf genau diesem präkognitiven Feld entfaltet der Trumpismus seine größte Wirksamkeit. Die Kundgebung wird so zu einem ritualisierten Raum affektiver Produktion, in dem Musik eine tragende Architektur politischer Identifikation ist.

Diese affektive Interaktion erklärt die bemerkenswerte Stabilität von Trumps Anhängerschaft selbst unter erheblichem juristischem und moralischem Druck. Ziel der Auftritte ist nicht die Überzeugung Unentschlossener, sondern die Festigung bestehender Bindungen. Das Publikum erscheint in der Regel nicht, um Argumente zu prüfen, sondern um Zugehörigkeit zu erfahren und bestätigt zu bekommen. In diesem Rahmen übernimmt Musik eine katalytische Funktion: Sie strukturiert kollektive Emotionen und verleiht ihnen Dauer. Die Teilnehmenden durchlaufen einen emotional codierten Prozess der Selbstvergewisserung, in dem körperliche Synchronisierung und klangliche Vertrautheit politische Identität verkörpern. Politik wird hier nicht primär gedacht, sondern erfahren.

An dieser Stelle sind die Arbeiten von Nick Couldry und Andreas Hepp zur Mediatisierung politischer Macht aufschlussreich. Sie argumentieren, dass Macht in spätmodernen Gesellschaften weniger durch die Kontrolle konkreter Inhalte ausgeübt wird als durch die Gestaltung der Bedingungen medialer Erfahrung (Couldry/Hepp 2017: 33). Ähnlich sieht es bei den Veranstaltungen von Trump mit ihrer klaren Dramaturgie und den ritualisierten Abläufen aus: Er kommuniziert nicht in erster Linie Programme, sondern erzeugt Erlebnisse.

Diese Dynamik lässt sich mit Raymond Williams' Konzept der „Gefühlsstrukturen" fassen – jener gesellschaftlich geteilten emotionalen Dispositionen, die politische Zugehörigkeit prägen, noch bevor sie sich zu kohärenten Ideologien verdichten (Williams 1977: 132). Der Kundgebungsraum fungiert in diesem Sinne als affektive Arena, in der politische Subjektivität nicht lediglich artikuliert, sondern aktiv hervorgebracht wird. Der liturgische Charakter der Inszenierung verstärkt diesen Effekt: Religiöse Sprache, sakrale Musik und nationale Symbole verschmelzen zu einer symbolischen Ordnung, in der Politik religiöse Züge annimmt. Der Soziologe Jeffrey C. Alexander beschreibt solche Arrangements als „zivile Performances", in denen politische Akteure durch ästhetische und rituelle Mittel nationale Werte verkörpern (Alexander 2010: 31). Trumps Auftritte entsprechen diesem Modell in besonders zugespitzter Form.

Wer den Trumpismus verstehen will, muss daher seine performativen und affektiven Dimensionen ernst nehmen. Das akustische Setting der Kundgebungen ist keine Begleiterscheinung, sondern eine politische Botschaft eigener Art. Musik fungiert als zentrales Medium eines ideologisch aufgeladenen Dramas, in dem die Grenzen zwischen Unterhaltung, Identität und Macht zunehmend verschwimmen.

4.2 Trump, Rituale und die musikalische Ästhetisierung der Macht

Trump nutzt Musik in seiner Wahlkampagne auf eine Weise, die in der öffentlichen Wahrnehmung häufig als exzentrisch oder ungewöhnlich beschrieben wird, deren komplexe Wirkungsmechanismen jedoch meist unterschätzt werden. Diese Fehleinschätzung erklärt sich daraus, dass seine Kampagnenästhetik weniger den Mustern klassischer politischer Kommunikation folgt als vielmehr den dramaturgischen Prinzipien populärkultureller Massenereignisse. Trumps Team orientiert sich erkennbar an der Organisation von Großveranstaltungen wie Fußballspielen oder internationalen Popkonzerten, etwa den Stadiontourneen von Taylor Swift. Musik fungiert in diesem Kontext nicht als bloße Untermalung durch Sound und Gesang, sondern als zentrales affektives Steuerungsinstrument.

Diese Funktion lässt sich mit der kulturtheoretischen Perspektive von George Lipsitz (2007) erfassen, der populäre Musik als ein „lebendiges Archiv des kollektiven Gedächtnisses" beschreibt. Musik speichert demnach kulturelle Bedeutungen, historische Erfahrungen und emotionale Dispositionen, die in spezifischen Situationen reaktiviert werden können. In Massenveranstaltungen erzeugt sie Resonanzen zwischen Individuen und ermöglicht die Ausbildung eines kollektiven Zugehörigkeitsgefühls, das über rationale Übereinstimmung hinausgeht. Ergänzend argumentiert der Musiksoziologe Simon Frith (1996), dass Musik soziale Identität nicht bloß ausdrückt, sondern performativ hervorbringt: Gemeinschaft entsteht im gemeinsamen musikalischen Vollzug durch Hören, Mitsingen und affektiven Synchronisieren. Eine besondere Fan-Kultur resultiert daraus.

Diese theoretischen Annahmen lassen sich exemplarisch an den Großkonzerten von Taylor Swift beobachten. Auf den ersten Blick scheinen die Fankultur rund um Taylor Swift und die politische Bewegung, die sich unter dem Schlagwort MAGA formiert hat, in unterschiedlichen kulturellen Welten angesiedelt zu sein; bei näherer Betrachtung zeigen sich jedoch bemerkenswert ähnliche affektive, rituelle und identitätsstiftende Dynamiken. Taylor Swifts „Eras"-Tour lässt sich als ein kulturelles Spektakel beschreiben, das hochgradig strukturiert ist und ein Popkonzert in ein kollektives soziales Ereignis verwandelt. Anstatt lediglich einen einzelnen Albumzyklus zu präsentieren, inszeniert die Tour Swifts Karriere als chronologische Erzählung und lädt das Publikum ein, innerhalb einer einzigen Aufführung mehrere „Eras" von Identität, Erinnerung und Emotion zu durchleben (Sisario 2024). Diese narrative Rahmung motiviert Fans zur aktiven Teilnahme, etwa durch thematisch abgestimmte Outfits, den Austausch von Freundschaftsarmbändern oder ritualisierte Sprechchöre. Sie verwischt so die Grenze zwischen Performerin und Publikum.

In der Forschung wird argumentiert, dass diese Partizipationsanreize als Mechanismen der Gemeinschaftsbildung fungieren. Die Fans werden dazu ermutigt, das Spektakel mitzuproduzieren und erzeugen damit, in den Worten des Ethnologen Victor Turner, eine *communitas*: ein temporäres, aber intensives Gefühl sozialer Verbundenheit, das auf geteilten Symbolen und Emotionen basiert (Turner 1996). Das Konzert wird so zu einem geschützten Raum für die Inszenierung von Identität, insbesondere für Frauen und queere Fans, die von gesteigerten Erfahrungen von Zugehörigkeit und emotionaler Bestätigung berichten (Bennett 2012).

Die Größe der jüngsten Taylor-Swift-Tour, ihre visuelle Immersion und die gezielte emotionale Dramaturgie verstärken diesen kollektiven Affekt zusätzlich und erzeugen Erfahrungen, die in der Wissenschaft mit quasi-religiösen oder zeremoniellen Praktiken verglichen werden (Gerhardt 2024; Bentley et al. 2025). Obwohl fest in der kommerziellen Popkultur verankert, zeigt die „Eras"-Tour, wie groß angelegte Unterhaltungsformate genuine soziale Bindungen und geteilte Bedeutungen hervorbringen können. Dieser Umstand kann helfen zu erklären, warum viele Fans den Konzertbesuch nicht nur als unterhaltsam, sondern als transformativ beschreiben.

Bei ihren Auftritten in der Veltins-Arena in Gelsenkirchen im Juli 2024, an denen jeweils rund 60.000 Besucherinnen und Besucher teilnahmen, folgte das Konzerterlebnis einer klar strukturierten Dramaturgie, die ritualtheoretisch als Abfolge von Übergangsphasen beschrieben werden kann. Erstens formierte sich bereits im Vorfeld eine temporäre Gemeinschaft der Fangemeinde; zweitens führte der Auftritt des Stars zu einer Phase intensiver emotionaler Immersion; und drittens mündete das Ereignis in eine Phase der Erschöpfung, die zugleich das Gefühl bestätigte, Teil eines außergewöhnlichen kollektiven Moments gewesen zu sein.

Schon die Anreise zum Veranstaltungsort erfüllte eine identitätsstiftende Funktion. Je näher die Fans dem Stadion kamen, desto deutlicher nahmen sie sich gegenseitig als Teil einer symbolischen Gemeinschaft wahr. Diese Zugehörigkeit wurde durch das Tragen von Fanartikeln wie T-Shirts, Hoodies, Freundschaftsbändern, Mützen oder Buttons aus dem offiziellen Merchandise sichtbar gemacht. Zwischen dem Einnehmen der Plätze und dem eigentlichen Auftritt vergingen oft mehrere Stunden, in denen Vorprogramme und Warm-up-Acts die emotionale Spannung steigerten. Mit dem Erscheinen des Stars erreichte die kollektive Erregung ihren Höhepunkt. Persönliche Ansprachen, symbolische Liebesbekundungen und gemeinsames Singen schufen eine intensive affektive Bindung zwischen Künstlerin und Publikum. Die Konzerte endeten regelmäßig in einer Atmosphäre positiver emotionaler Erschöpfung, die von vielen Teilnehmenden als Glückseligkeit beschrieben wurde.

Eine vergleichbare affektive Dramaturgie findet sich auch bei Wahlkampfveranstaltungen von Donald Trump. Dies zeigte sich besonders deutlich bei einer Kundgebung in Pennsylvania am 5. Oktober 2024, rund drei Monate nach dem gescheiterten Attentatsversuch. Trump kehrte an denselben Ort zurück, der nun medienwirksam als symbolisch aufgeladener Raum inszeniert wurde. Die Veranstaltung wurde in zahlreichen Berichten als heroische Rückkehr gedeutet; die Zahl der Teilnehmenden war mit der eines Großkonzerts vergleichbar, auch wenn entsprechende Schätzungen variieren.

Die Live-Übertragung durch FOX-4 erlaubte es, die Dramaturgie des Gesamtereignisses in ihrer Gesamtheit zu erfassen und sie nicht auf clickbait-hafte Kurzclips zu reduzieren. Der Einlass begann mehrere Stunden vor dem offiziellen Veranstaltungsbeginn. Die Teilnehmenden signalisierten ihre Zugehörigkeit durch das Tragen von MAGA-Fanartikeln aus dem offiziellen Trump-Shop sowie durch symbolische Zeichen wie Aufnäher über dem rechten Ohr, die auf den Attentatsversuch verwiesen. Ergänzt wurde dies durch hyperpatriotische Transparente und visuelle Inszenierungen im gesamten Veranstaltungsbereich. Der formale Beginn der Veranstaltung war auf 14 Uhr angesetzt, während Trumps Rede erst für 17 Uhr geplant war – eine zeitliche Verzögerung, die der ritualisierten Steigerung der Erwartung diente.

Gegen 15 Uhr betrat Senator J. D. Vance die Bühne und adressierte das Publikum in einer Weise, die an religiöse Predigtformen erinnerte. Er deutete Trumps Überleben als Ausdruck göttlicher Vorsehung. Diese religiöse Rahmung setzte sich im weiteren Verlauf fort. Patriotische Musik und Videoclips, die Trump in militärischen und familiären Kontexten zeigten, inszenierten ihn als nationalen „pater familias“. Es folgten Redebeiträge prominenter Unterstützer aus unterschiedlichen gesellschaftlichen Gruppen.

Unmittelbar vor Trumps Auftritt wurde das Publikum durch ein kämpferisch gestaltetes Video emotional mobilisiert. Trump betrat die Bühne unter großem Jubel, begleitet von einer Live-Aufführung von Lee Greenwoods „God Bless the USA“. Nach etwa fünfzehn Minuten hielt er inne, um der Opfer des Attentats zu gedenken, und stellte erneut einen Zusammenhang zwischen seiner politischen Mission und einem göttlichen Plan her. Der Tenor Christopher Macchio sang Franz Schuberts „Ave Maria“, wodurch sich die Veranstaltung zeitweise in eine religiös anmutende Zeremonie verwandelte. Wie bei intensiven Popkonzerten kam es auch hier zu körperlichen Erschöpfungsreaktionen einzelner Teilnehmender. Trump unterbrach seine Rede, rief medizinische Hilfe und adressierte das Publikum in einer spontanen Interaktion als „die besten Menschen der Welt“.

Auf Phasen relativer Stille folgten kollektive Sprechchöre und gemeinsames Singen der Nationalhymne, angeleitet durch Trump selbst. In diesen Momenten wurde soziale Identität performativ hergestellt, ganz im Sinne der von Frith beschriebenen Mechanismen. Zwischendurch stellte Trump prominente Unterstützer vor, darunter den Unternehmer Elon Musk, der als symbolisch aufgeladener Ehrengast fungierte. Der Abend endete mit weiteren musikalischen Höhepunkten: Trump animierte das Publikum zum Mitsingen bei „YMCA“, bevor Christopher Macchio die Arie „Nessun dorma“ aus Giacomo Puccinis Oper „Turandot“ sang. Die wiederholten Ausrufe „Vincerò“ („Ich werde siegen“) erhielten im politischen Kontext eine eindeutige symbolische Bedeutung. Trump griff diese affektive Aufladung auf und erklärte sich selbst zum nächsten Präsidenten der Vereinigten Staaten.

Die Wahl dieser Arie knüpft an etablierte Praktiken populärkultureller Großereignisse an. Bereits beim Finale der Fußball-Weltmeisterschaft 1990 wurde „Nessun dorma“, gesungen von Luciano Pavarotti, eingesetzt, um ein globales Publikum emotional zu mobilisieren. Der Vergleich verdeutlicht, dass Musik in politischen Kampagnen als strukturierendes Medium kollektiver Affekte fungiert. Sie erzeugt emotionale Resonanzen, stabilisiert politische Identitäten und verschiebt den Fokus politischer Kommunikation von rationaler Argumentation hin zu geteilter Erfahrung.

Wir sehen hier paradigmatische Beispiele einer Politik, die sich an den Mechanismen populärkultureller Großereignisse orientiert. Was im Popkonzert längst etabliert ist, wie z. B. emotionale Intensität, ritualisierte Gemeinschaft, die zentrale Figur als Projektionsfläche kollektiver Identität, wird hier auf das Feld der Macht übertragen. Politik übernimmt quasi die Grammatik des Fandoms. An diesem Punkt wird der Vergleich zwischen Popkultur und politischer Mobilisierung analytisch produktiv. Die Übergänge zwischen Konzert, Kundgebung und Ritual sind fließend geworden. Die Frage ist daher nicht mehr, ob Politik sich ästhetisiert, sondern mit welchen Folgen. Genau hier setzt der folgende Schluss an, der den Vergleich zwischen Swifties und Trumpies nutzt, um die affektiven Strukturen gegenwärtiger politischer Zugehörigkeit pointiert zu fassen.

Vor dem Hintergrund der in den vorherigen Kapiteln beschriebenen Normalisierung von Gewalt erscheinen die musikalisch aufgeladenen MAGA-Kundgebungen nicht als Gegenentwurf, sondern als kulturelle Weiterverarbeitung eines permanenten Ausnahmezustands. Musik als affektives Medium hebt Gewalt nicht auf, sondern übersetzt sie in emotionale Bindung, Loyalität und Mobilisierungsbereitschaft.

Im November 2025 haben die Trump-Regierung und ihr Wahlkampfteam wiederholt Musik aus Taylor Swifts neuestem Album „The Life of a Showgirl“ für politische Botschaften in den sozialen Medien verwendet, wie Alim Kheraj in *The Guardian* berichtet (2025). Ein offizielles TikTok-Video des Weißen Hauses kombinierte eine patriotische Diashow mit nationalen Symbolen und politischen Persönlichkeiten mit Swifts Lead-Single und schnitt pointiert von der Textzeile „pledge allegiance to your hands, your team, your vibes“, also „schwöre Treue deinen Händen, deinem Team, deinen Vibes“ zu Bildern der US-Flagge, Präsident Trump und hochrangigen Mitgliedern seiner Regierung. Zwei nachfolgende Wahlkampf-Posts gingen noch weiter und versahen Swifts Songtexte mit neuen Untertiteln, um Donald und Melanie Trump ausdrücklich zu feiern. Der zweite Beitrag war mit dem Song „Father Figure“ unterlegt und griff die Liedzeile „this empire belongs to me" auf, also „dieses Empire gehört mir", die mit der Bildunterschrift „this empire belongs to @President Donald J. Trump" umgedeutet wurde.

So werden Swifts Songs nicht als von ihr verfasste Erzählungen behandelt, sondern als austauschbare Soundtracks für die Bekräftigung politischer Macht und Loyalität. Zusammengenommen veranschaulichen diese Posts einen umfassenderen Wandel in der Art und Weise, wie zeitgenössische politische Bewegungen kommunizieren und sich mobilisieren. Anstatt politische Ideen in populärkulturelle Begriffe zu übersetzen, übernehmen sie die stilistische und affektive Logik der Popkultur vollständig.

5

Politik als Macht- und Medienspektakel: Das Oval Office als Reality-TV

Inhaltsverzeichnis

F. Mehring, H. Strasser, *Die USA im kollektiven Ausnahmezustand*,
https://doi.org/10.1007/978-3-658-51160-9_5

Am Abend des 28. Februar 2025 verfolgten Millionen Menschen weltweit eine live ausgestrahlte Begegnung zwischen dem US-amerikanischen Präsidenten Donald J. Trump und dem ukrainischen Staatschef Wolodymyr Selenskyj im Oval Office. Offiziell diente das Treffen der Klärung eines neuen Rohstoffabkommens sowie der Frage militärischer Unterstützung der Ukraine. In der öffentlichen Wahrnehmung entwickelte sich die Debatte jedoch rasch zu einem Ereignis von außergewöhnlicher politischer und medialer Brisanz. Der Kolumnist der *New York Times*, Thomas L. Friedman, bezeichnete den Auftritt als „beispiellos“ und sprach von einem Bruch grundlegender außenpolitischer Konventionen der Vereinigten Staaten. „Dies ist eine völlige Perversion der US-Außenpolitik“, kommentierte er. „Seit dem Ersten Weltkrieg hat jeder Präsident an einem Grundprinzip festgehalten. Meine amerikanischen Mitbürger: Wir befinden uns in völlig unbekannten Gewässern“ (Friedman 2025).

Doch trotz ihrer geopolitischen Tragweite wirkte die Szene in ihrer Dramaturgie seltsam vertraut. Das Treffen ähnelte weniger einem klassischen diplomatischen Gipfelgespräch als einer dramaturgisch zugespitzten Sequenz aus einer Primetime-Fernsehserie. Trumps lapidarer Kommentar „Das war großartiges Fernsehen“ machte unmissverständlich deutlich, dass das Ereignis nicht allein als politische Begegnung, sondern zugleich als mediales Ereignis verstanden wurde. Dieser Satz verweist exemplarisch auf eine tiefgreifende Transformation US-amerikanischer Regierungsführung: Politik als Medienspektakel. Trumps politische Inszenierung folgte dabei einer Ästhetik, die aus der NBC-Reality-Show *The Apprentice* vertraut ist, die er von 2004 bis 2015 moderierte. Das Format war dramaturgisch klar strukturiert, arbeitete mit scharf konturierten Rollenbildern, zugespitzten Konflikten und einer zentralen Figur, die autoritative Entscheidungsmacht verkörperte. Trumps Präsidentschaft übernahm wesentliche Elemente dieser Grammatik: Konfrontation statt Konsens, Zuspitzung statt Komplexität, Dominanz statt deliberativer Aushandlung. Der Medientheoretiker Douglas Kellner hat diese Entwicklung früh beschrieben. In einer Zeit der Spektakelpolitik, so Kellner, würden US-Präsidentschaften zunehmend wie Kinofilme inszeniert. Medienspektakel dienten dazu, Politik, Person und Image des Präsidenten einem breiten, heterogenen Publikum zu vermitteln (Kellner 2003: 160). Trumps Auftritt im Oval Office, insbesondere in der Auseinandersetzung über das umstrittene Rohstoffabkommen mit der Ukraine, war vor diesem Hintergrund weniger von diplomatischer Substanz als von medialer Choreografie geprägt. Was lange als Domäne diskreter Verhandlungen galt, wurde durch Kameralinsen eingefangen, inszeniert, ausgestrahlt und über soziale Netzwerke millionenfach verbreitet, bis politische Kommunikation selbst in einen Modus öffentlicher Unterhaltung überging.

Diese Konvergenz von Führungsstil und Medienspektakel hat die politische Kultur der Vereinigten Staaten nachhaltig verändert (vgl. Kamalipour 2021; Kuklick 2022; Albrecht 2022). Bereits 1994 forderte der Kunsthistoriker und Medienwissenschaftler W. J. T. Mitchell eine kritische Theorie der visuellen Kultur, die sich der „Macht der Bilder zum Guten wie zum Bösen" bewusst sei und die historischen wie kulturellen Kontexte ihrer Verwendung reflektiere (Mitchell 1994: 2 f.). In einer Gegenwart, die zunehmend durch „Spektakel, Überwachung und Simulakren" geprägt ist, erscheint eine solche Analyse dringlicher denn je (Mitchell 2006: 32).

Dieses Kapitel betrachtet Trumps Präsidentschaft vor diesem Hintergrund durch die Linse der Soziologie, der Medien- und Kulturwissenschaften sowie der politischen Kommunikationsforschung. Im Mittelpunkt steht das Argument, dass Trumps Regierungsstil in zentralen Momenten weniger durch demokratische Prinzipien als durch die Dramaturgie des Reality-TV geprägt ist. Anhand ausgewählter Episoden, insbesondere der medial überhöhten Konfrontation mit Selenskyj im Oval Office, zeigen wir, wie visuelle Dominanz, Konfliktstrategien und emotionale Zuspitzung politische Inhalte überlagern. Mit Rückgriff auf Murray Edelmans Konzept des politischen Spektakels (1988), Pippa Norris' Arbeiten zur populistischen Rhetorik (2000) und Jeffrey C. Alexanders Theorie politischer Performance (2010) wird analysiert, wie mediale Ästhetik als Instrument politischer Machtausübung fungiert.

Trumps Umgang mit diplomatischen Situationen folgt dabei einem dramaturgischen Schema, das institutionelle Verfahren nicht aufhebt, sie jedoch systematisch rahmt und relativiert. Demokratische Aushandlung bleibt formal bestehen, wird jedoch in ein mediales Setting eingebettet, in dem Aufmerksamkeit, Zuspitzung und personalisierte Autorität Vorrang erhalten. Die Inszenierung politischer Führung erscheint in diesem Sinne nicht als bloße Stilfrage, sondern als strukturelle Verschiebung politischer Praxis.

Dieses Kapitel folgt daher einer dreistufigen Argumentation: Zunächst werden die theoretischen Grundlagen des politischen Spektakels und der politischen Performance (Edelman, Norris, Alexander) entfaltet, um die mediale Rahmung von Macht als eigenständige politische Ressource zu bestimmen. Anschließend wird anhand von *The Apprentice* gezeigt, wie das Reality-TV ein spezifisches Repertoire von Autorität, Konfliktlogik und Rollenbesetzung normalisiert, das Trumps spätere Regierungsinszenierung strukturell prägt. Abschließend wird dieses Repertoire am Fall der live übertragenen Begegnung im Oval Office rekonstruiert, um sichtbar zu machen, wie diplomatische Interaktion unter Bedingungen permanenter Öffentlichkeit in ein massenmedial verwertbares Ereignis transformiert wird.

Leitend ist dabei folgende Forschungsfrage: Wie und mit welchen politischen Folgewirkungen wird präsidiale Autorität in Trumps zweiter Amtszeit durch die Ästhetik und Dramaturgie des Reality-TV performativ hergestellt und medial stabilisiert, insbesondere in außenpolitischen Schlüsselmomenten wie dem Treffen mit Selenskyj?

5.1 Rechtspopulismus und der performativ-autoritäre Nexus

Seit Donald Trumps Rückkehr ins Weiße Haus 2025 haben sich die Entscheidungs- und Kommunikationsformen seiner Administration weiter von deliberativen demokratischen Verfahren entfernt. Was während seiner ersten Amtszeit vielfach als rhetorische Provokation oder mediale Überzeichnung erschien, hat sich zu einem strukturellen Prinzip politischer Machtausübung verdichtet. Politische Führung wird nun vor allem über über Sichtbarkeit, Konfrontation und affektive Mobilisierung legitimiert. Diese Entwicklung lässt sich als spezifische Ausprägung eines rechtspopulistischen Führungsstils beschreiben, der Autorität primär performativ herstellt.

Populismus fungiert in diesem Zusammenhang nicht als ein geschlossenes ideologisches System. Er stellt vielmehr eine rhetorisch-mediale Praxis dar. Populismus operiert dabei mit moralischen Dichotomien, personalisiert politische Verantwortung und konstruiert ein homogenes „Volk“, dessen Wille angeblich unmittelbar verkörpert werde. Repräsentative Institutionen gelten traditionell als notwendige Vermittlungsinstanzen. Im Populismus escheinen sie als illegitime Hindernisse zwischen Führungsfigur und Volk. Wie Pippa Norris und Ronald Inglehart (2019) zeigen, beruht populistische Legitimation gerade auf dieser symbolischen Umdeutung demokratischer Repräsentation: Demokratie wird neu definiert.

Die mediale Anschlussfähigkeit dieses Stils ist kein Zufall. Douglas Kellner hat früh darauf hingewiesen, dass sich politische Kommunikation in der Mediengesellschaft zunehmend an den Codes populärer Unterhaltung orientiert. Jeffrey C. Alexanders Theorie politischer Performance ergänzt diese Perspektive, indem sie politische Autorität als kulturell gerahmte Aufführung begreift, die auf affektive Anerkennung durch ein Publikum angewiesen ist. In diesem Sinne entsteht Autorität vor allem durch Inszenierung. Trumps Regierungsstil folgt diesem Muster mit bemerkenswerter Konsequenz: Es geht nicht so sehr um die Kommunikation von Programmen. Im Gegenteil, Erlebnisse sollen argumentative Aushandlung durch dramatische Zuspitzung ersetzen.

Diese performative Verschiebung hat Folgen für demokratische Institutionen. Zwar bestehen parlamentarische Verfahren, juristische Kontrollmechanismen und formale Entscheidungswege fort, sie werden jedoch systematisch relativiert, indem sie in mediale Dramaturgien eingebettet werden. Politische Entscheidungen erscheinen als Ausdruck persönlicher Entschlossenheit. Wiederholte Angriffe auf Justiz, Parlament und Medien sind in diesem Zusammenhang als Teil einer Strategie, institutionelle Vermittlung zugunsten personalisierter Autorität zu delegitimieren. Die werden nicht mehr als Grenzüberschreitungen öffentlich verurteilt.

Murray Edelmans Konzept des politischen Spektakels bietet einen analytischen Rahmen, um diese Dynamik zu erfassen. Edelman (1988) zufolge dient politische Kommunikation weniger der Aufklärung als der symbolischen Konstruktion von Wirklichkeit. Politische Akteure erzeugen Bedeutungen, indem sie Krisen, Feindbilder und Entscheidungszwänge narrativ verdichten. Medien verstärken diese Prozesse durch Wiederholung, emotionale Rahmung und selektive Sichtbarkeit. In der Präsidentschaft Trumps wird dies besonders deutlich: Komplexe Sachverhalte werden in moralisch aufgeladene Dramen übersetzt, in denen Loyalität wichtiger ist als Argumente. Der Kommunikator ist und bleibt der Architekt der Gesellschaft, egal was im Hintergrund korrigiert oder im Vordergrund medial präsentiert wird (Strasser 2020).

Zentral für diese Form politischer Kommunikation ist die systematische Konstruktion von Gegnern. Begriffe wie „Fake News", „tiefer Staat" oder „Feinde des Volkes" fungieren als symbolische Marker, die politische Opposition delegitimieren und die eigene Gefolgschaft emotional binden. In Anlehnung an Jean Baudrillard (1994) lässt sich argumentieren, dass in diesem Prozess die Grenze zwischen Darstellung und Realität zunehmend verschwimmt. Neben die empirische Grundlage politischer Aussagen tritt ihre mediale Wirksamkeit und affektive Anschlussfähigkeit. Realität erscheint als Effekt ihrer Inszenierung.

Diese Dynamik prägt auch Trumps Verständnis demokratischer Repräsentation. Wie Jan-Werner Müller (2016) gezeigt hat, unterminieren populistische Führer demokratische Systeme nicht primär durch offene Machtübernahme, sondern durch die Delegitimierung oppositioneller Stimmen und institutioneller Kontrollmechanismen. Demokratische Verfahren bleiben formal bestehen, verlieren jedoch ihren normativen Anspruch auf pluralistische Repräsentation. Legitimität leitet sich aus der behaupteten Identität zwischen Führer und Volk ab.

Mediale Inszenierung spielt dabei eine zentrale Rolle. Politische Kommunikation wird so organisiert, dass sie unmittelbare emotionale Identifikation ermöglicht und komplexe Entscheidungsprozesse in personalisierte Narrative übersetzt. Nick Couldry beschreibt diesen Prozess als symbolische Machtausübung durch mediale Rituale, die bestimmte Formen politischer Autorität normalisieren, während andere unsichtbar gemacht werden (Couldry 2003: 2). Im populistischen Politikverständnis zählt performative Resonanz mehr als argumentative Qualität politischer Entscheidungen.

Unter Trump hat sich dieses Mediensystem verfestigt und weiter radikalisiert. Während seiner zweiten Amtszeit sind parteiische Medien, soziale Plattformen und personalisierte Kommunikationskanäle zu einem eng gekoppelten Resonanzraum geworden, in dem politische Loyalität affektiv stabilisiert und institutionelle Vermittlung systematisch unterlaufen wird. Trumps Präsenz auf *Truth Social* markiert dabei einen neuen Grad personalisierter Propaganda: Offizielle Verlautbarungen, polemische Angriffe und emotional zugespitzte Kommentare verschmelzen zu einem kontinuierlichen Kommunikationsstrom, der algorithmisch verstärkt, auf Mobilisierung ausgerichtet und gezielt an die eigene Anhängerschaft adressiert ist.

Diese Kommunikationsarchitektur umgeht klassische journalistische Filter und schafft eine parallele Informationswelt. Politische Aussagen benötigen keine Überprüfung zur Legitimation. Sie entwickeln vielmehr ihre Schlagkraft durch Herkunft und emotionale Anschlussfähigkeit. Politische Kommunikation wird damit grundlegend umstrukturiert. Forschungen von Kathleen Hall Jamieson und Yochai Benkler (2018) zeigen, wie solche medialen Rückkopplungsschleifen Polarisierung verstärken und aktiv produzieren, indem sie eine gemeinsame Faktenbasis erodieren lassen. In diesem Sinne ist die Medienlandschaft der Trump-Ära weniger als ästhetisches Phänomen, denn als infrastrukturelle Voraussetzung affektiver Machtausübung zu verstehen.

Diese Form der Politik geht über den innenpolitischen Raum hinaus. Auch außenpolitisch folgt Trumps Auftreten dem Diktum der performativen Stärke. Diplomatische Beziehungen werden als persönliche Machtproben inszeniert, Aushandlung erscheint als Zeichen von Schwäche. Außenpolitik wird so in ein weiteres Feld populistischer Selbstinszenierung überführt, in dem Sichtbarkeit und Dominanz Vorrang vor strategischer Kohärenz erhalten.

Die zunehmende Verschmelzung von Politik, Medien und Unterhaltung ist ein Trend, der sich nicht nur in den Vereinigten Staaten finden lässt. Trumps Präsidentschaft stellt allerdings einen besonders zugespitzten Fall dar. Politische Loyalität wird gestiftet durch emotionale Identifikation, erzeugt durch Wiederholung, Vereinfachung und symbolische Freund-Feind-Dichotomien. So entsteht eine Illusion demokratischer Repräsentation: Indem sich der Führer als einzige legitime Stimme des Volkes präsentiert, verschiebt sich die Grundlage politischer Legitimität von Verfahren zu Person.

Die Folgen dieser Entwicklung sind struktureller Natur. Wenn politische Führung primär performativ organisiert wird, verlieren demokratische Institutionen ihre vermittelnde Funktion. Parlamentarische Debatten, juristische Verfahren und journalistische Kontrolle erscheinen als störende Verzögerungen. Populistische Politik ersetzt die Demokratie nicht im offenen Vollzug, verändert jedoch ihre Funktionsweise von innen heraus.

In dieser Perspektive ist Trumps Regierungsstil als exemplarischer Ausdruck einer breiteren Transformation politischer Macht unter Bedingungen medialer Dauerpräsenz. Die Verschmelzung von populistischer Rhetorik, performativer Führung und medialer Inszenierung erzeugt eine Form politischer Autorität, die sich demokratischer Verfahren bedient, ohne sich ihnen tatsächlich zu unterwerfen. Und so werden auch Stimmen laut, dass in einer Welt von polarisierenden Social Media und ihrer manipulierbaren Algorithmen politische Bewegungen wie die Bürgerrechtsbewegung nicht mehr möglich seien (Sahebi 2025; Ebrahimi 2025).

Um diese Transformation politischer Autorität nicht nur abstrakt zu beschreiben, sondern in ihrer medialen Genese nachzuvollziehen, lohnt ein Rückblick auf jene Formate, in denen Trumps performativer Führungsstil erstmals massenmedial erprobt und etabliert wurde.

5.2 Reality-TV und der Mythos Donald Trump in *The Apprentice*

In den frühen 2000er Jahren entwickelte sich die Reality-Show *The Apprentice* zu einem kulturellen Phänomen, das Donald Trumps öffentliche Persona nachhaltig prägte. Die Sendung etablierte ihn als entschlossenen, souveränen Geschäftsmann und trug maßgeblich dazu bei, ein Image zu verfestigen, das später politische Anschlussfähigkeit gewann. Dieser Abschnitt zeigt, wie Trumps mediale Inszenierung im Reality-TV nicht nur Teil der Unterhaltungsindustrie war, sondern ein spezifisches Modell von Führung, Autorität und Erfolg normalisierte. Eine zentrale Rolle spielte dabei der Produzent Mark Burnett, dessen Formate systematisch auf Dramatisierung, Personalisierung und affektive Bindung setzten.

Burnett, der 2002 bereits mit *Survivor* große Erfolge gefeiert hatte, suchte nach einem neuen Reality-Format. Seine Idee: ein Wettbewerb im Unternehmenskontext, basierend auf dem Prinzip dramatischer Eliminierungen. Der entscheidende Impuls kam, als Burnett Trump in der Wollman Rink im New Yorker Central Park begegnete, einer Eislaufbahn, die nicht nur von Trump betrieben wurde, sondern auch dessen Namen trug. Burnett erkannte Trumps Bedürfnis nach Bewunderung und sprach ihm in einer Livesendung von *Survivor* schmeichelhaft seine Erfolge zu. Dabei betonte er mehrfach dessen Namen, um seine Aufmerksamkeit zu gewinnen.

Wenig später präsentierte Burnett Trump das Konzept von *The Apprentice*: eine Show, in der ambitionierte Berufstätige in herausfordernden Business-Aufgaben um die Chance kämpfen würden, für Trump zu arbeiten. Der kapitalistische Erfolg sollte verkörpert und entschlossene Führung demonstriert werden. Die Idee versprach nicht nur eine spannende TV-Dramaturgie, sondern auch eine Rehabilitierung von Trumps beschädigtem Image, das durch mehrere Insolvenzen gelitten hatte. Trump ergriff die Gelegenheit sofort: In Burnetts Vision sah er eine Bühne, um seine ins Straucheln geratene Marke wiederzubeleben und nationale Aufmerksamkeit zurückzugewinnen. Aus dieser Allianz entstand 2004 *The Apprentice*, eine Show, die Trumps Prominentenstatus neu belebte und den Grundstein für seine politische Karriere legte (Kellner 2017).

Die Darstellung Trumps in der Serie wurde sorgfältig kuratiert, um ihn als unangefochtenen Titanen der Geschäftswelt zu präsentieren. Burnett und sein Team überarbeiteten mitunter hunderte Stunden an Filmmaterial, um Episoden zu produzieren, die Trumps angebliche Entschlossenheit und Führungsstärke herausstellten, auch wenn sein Verhalten am Set oft von Verwirrung und Launenhaftigkeit geprägt war. Die Mitarbeiter wurden zum Beispiel angewiesen, die Folgen im Nachhinein so montieren, dass Trumps impulsive Entscheidungen als wohlüberlegte und gerechtfertigte Urteile erschienen. Mit anderen Worten: eine künstlich erzeugte Erzählung von überlegener Urteilskraft (Keefe 2018).

Visuell griff die Sendung auf eine klar codierte Ikonografie des Erfolgs zurück: Froschperspektiven, luxuriöse Immobilien, Limousinen, Hubschrauber. Trumps Besitz wurde zu Symbolen wirtschaftlicher Macht verdichtet, ungeachtet dokumentierter finanzieller Probleme. Es ging nicht um Realismus. *The Apprentice* erzeugte einen Mythos des amerikanischen Unternehmertums, in dem Kontrolle, Reichtum und Entscheidungsgewalt untrennbar miteinander verschmolzen.

Besonders prägend war dabei Burnetts Gestaltung des Vorspanns. Mit dem Gespür eines erfahrenen TV-Produzenten inszenierte er ikonische Szenen: Trump steigt aus Limousinen, betritt selbstbewusst opulente Sitzungssäle oder fliegt per Hubschrauber über Manhattan. Rasante Schnitte, dramatische Musik und Voice-overs verstärkten die Aura unaufhaltsamer Dynamik. Trumps vergoldetes Penthouse im Trump Tower wurde als exklusiver Ort inszeniert, ein visuelles Symbol elitären Erfolgs. Burnett verstand, wie sehr solche Bilder beim Publikum wirken: Indem er Trumps Besitztümer wie Jets, Limousinen, Rokoko-Interieurs zu filmischen Symbolen des Triumphs stilisierte, erschuf er die Illusion von absoluter Kontrolle und wirtschaftlicher Überlegenheit. So wurde aus einem angeschlagenen Immobilienunternehmer ein Mythos des amerikanischen Kapitalismus (Abb. 5.1).

Dieses Spektakel war zu keiner Zeit ein unverfälschtes Abbild der Realität. Die Redaktion der Sendung wählte gezielt Szenen aus, die Trumps vermeintliche Autorität unterstrichen, während Hinweise auf Inkompetenz, Chaos hinter den Kulissen oder seine wirtschaftlichen Schwierigkeiten herausgeschnitten wurden. Diese gezielte Verzerrung verweist auf Annette Hills Analyse des Reality-Fernsehens, in der sie Reality-TV als ein „hybrides Genre" beschreibt, das Fakten und Fiktion miteinander vermischt. Es entsteht ein Raum, in dem Zuschauer ständig neu verhandeln, was echt und was bloß Unterhaltung ist (Hill 2005: 55).

Abb. 5.1 Screenshots der erweiterten Eröffnungssequenz von *The Apprentice*, Staffel 10, gedreht auf einem Trump National Golf Course (2010)

The Apprentice war der Inbegriff dieser Verwischung. Die Show präsentierte eine hochgradig konstruierte Vorstellung vom Wirtschaftsleben, verpackt als authentisches Fenster zum Erfolg, und nutzte dabei die besondere Fähigkeit des Formats, Spektakuläres als spontane Realität erscheinen zu lassen.

Hill betont zudem, dass „Reality-TV keine Nachrichten sind", dass jedoch die Erwartungen der Zuschauer an Sachprogramme stark durch ihr Verständnis von Authentizität geprägt seien: sie erwarten Darstellungen von Ereignissen, die „einfach passieren" (Hill 2005: 55). Die Rhetorik des Passierens spricht Menschen an, weil etwas in Bewegung kommt. *The Apprentice* griff genau dieses Missverständnis auf und stellte die Wettbewerbe und Ausscheidungen im Sitzungssaal als echte Leistungsprüfungen dar. In Wirklichkeit waren viele der Aufgaben inszenierte Werbeaktionen, die in erster Linie Produkte oder Immobilien der Marke Trump in Szene setzen sollten. Die Produktion schnitt die Ergebnisse so zusammen, dass sie zu Trumps oft spontanen Entlassungen passten. Das zementierte wiederum das Bild eines unfehlbaren Anführers, während die Manipulation im Hintergrund unsichtbar blieb.

Ein zentrales Instrument dieser Inszenierung war laut Hill der sogenannte „Beichtmodus", d. h. intime Interviews mit den Teilnehmenden, die emotionale Nähe herstellen und dem Publikum ermöglichen, sich mit Kandidat:innen und Erzählungen zu identifizieren (vgl. auch Edwards 2013: 56). *The Apprentice* nutzte dieses Stilmittel intensiv: Die privaten Statements humanisierten die „Azubis", erhöhten den Einsatz jeder Entscheidung und stilisierten Trump zur strengen, aber gerechten Vaterfigur. Wiederholt äußerten die „Lehrlinge" Bewunderung für ihn, ein Narrativ, das seine angeblich unangreifbare Autorität stützte. Doch auch diese Momente waren sorgfältig geplant, wurden gefilmt und bearbeitet, um das emotionale Drama zu verstärken und nicht, um authentische Mentorenschaft abzubilden (Abb. 5.2).

Besonders verdichtet zeigt sich das in der Eröffnungssequenz der ersten Staffel. Die suggestive Frage „Was wäre, wenn …?" eröffnet eine Fantasie grenzenlosen Erfolgs, gefolgt von einer Montage aus Luxusmotiven im Stil eines Hollywood-Trailers. Limousinen, Designer-Interieurs und Privatjets fungieren als visuelle Chiffren kapitalistischer Belohnung. In Anlehnung an Jean Baudrillards Konzept der Hyperrealität entsteht eine

Abb. 5.2 Screenshots von Trump beim „Streiten", mit den Aussprüchen „You're fired" und „You're hired" in Staffel 4

überhöhte Simulation, die realer und begehrenswerter erscheint als ökonomische Wirklichkeit (Baudrillard 1994).

Die Vervollständigung der einleitenden Frage mit „… Sie könnten alles haben?" verknüpft diese Traumwelt mit einem Versprechen, scheinbar erreichbar für alle, die sich nur genug anstrengen. Dann tritt Trump ins Bild: als Silhouette im goldenen Licht, inszeniert wie eine mythische oder gar gottgleiche Figur. Wiederkehrende Bilder, wie z. B. sein Name als Logo, der Trump-Hubschrauber, der Trump Tower, festigen ihn nicht nur als Unternehmer, sondern als Marke, als personifizierten Kapitalismus. Diese Bilder sind alles andere als zufällig. Sie sind sorgfältig komponiert, um Trumps Persona mit dem Fetisch von Geld, Erfolg und Macht zu verschmelzen.

In Anlehnung an Udo Hebels Konzept der „interpictorial clusters", also wiederkehrenden visuellen Motiven mit kultureller Tiefenbedeutung, lässt sich Trumps symbolische Bildsprache, von goldverzierten Räumen über Limousinen bis hin zur US-amerikanischen Flagge, als kalkulierte Strategie lesen (Hebel 2011: 43). Sie bettet seine Figur in eine Ikonografie der Macht ein, die weit über die Grenzen der Sendung hinauswirkt.

Auf der akustischen Ebene spielt die kreative Verwendung des Songs „For the Love of Money" von The O'Jays aus dem Jahr 1973 eine zentrale Rolle. Der groovige Soul-Funk-Rhythmus bildet einen mitreißenden, fast hymnischen Soundtrack für Bilder von Hundert-Dollar-Scheinen und tickenden Börsentafeln im Wall-Street-Stil. Am Höhepunkt der Sequenz erklingt der eindringliche Refrain: „Call it lean, mean, mean green/ Almighty dollar … Give me a nickel, brother can you spare a dime./ Money can drive some people out of their mind. Money, Money, Money,

Money." Auf Deutsch: „Nenn es hart, kalt, gemein und grün/der allmächtige Dollar … Gib mir ein paar Cent, Bruder, kannst du was entbehren?/Geld kann manche in den Wahnsinn treiben. Geld, Geld, Geld, Geld." In dieser Kombination wird Geld selbst zum Fetischobjekt, ganz im Sinne der marxistischen Theorie, demzufolge Waren, hier: Reichtum, mit einer quasi-mystischen Aura aufgeladen werden, losgelöst von den tatsächlichen sozialen Produktionsverhältnissen.

Bemerkenswert ist auch hier, dass der Soundtrack gezielt manipuliert wurde: Die kritischeren Zeilen des Songs („I know money is the root of all evil/Do funny things to some people."/„Ich weiß, dass Geld die Wurzel allen Übels ist./Bei manchen treibt es merkwürdige Blüten.") wurden bewusst herausgeschnitten. Dadurch bleibt die Warnung vor den zerstörerischen Wirkungen des Geldes aus, und das Publikum kann sich ungestört der Fantasie grenzenloser Anhäufung hingeben. So wird eine neoliberale Ideologie befördert, die den individuellen Wert ausschließlich an finanziellem Erfolg misst, ein Narrativ, das die Show konsequent stützt.

Auch visuell folgte die Eröffnungssequenz einer klaren Ideologie. Sie balancierte Aufnahmen von Trump mit Szenen der Kandidaten und Kandidatinnen, die wie Vermögenswerte inszeniert wurden: Ihre Gesichter erschienen neben Ticker-Grafiken im Börsenstil, wodurch ihre Identitäten buchstäblich mit der Sprache der Finanzspekulation verschmelzten. In der Welt von *The Apprentice* wurden Menschen zu Waren, bereit, bewertet, gehandelt oder aussortiert zu werden. Damit fügte sich die Ästhetik nahtlos in die Prämisse der Show ein: Wirtschaftlicher Wettbewerb als Unterhaltung, durchzogen von Marketing und Branding. Später wird Trump als „master attention merchant", als „brillanter Aufmerksamkeitshändler", beschrieben: „Er luchst uns unser Interesse ab, indem er Quatsch erzählt, lügt, droht. Heute so, morgen so, fast immer (leider) unterhaltsam. Hauptsache, alle richten ihren Scheinwerfer auf ihn" (Jürgens 2025: 14).

Die abschließende Einstellung mit dem silhouettierten „Apprentice"-Logo und dem Bildtitel „Created by Mark Burnett" fungierte als metatextuelle Brechung: Sie verweist subtil auf die künstliche Natur des Spektakels. Für medienaffine Zuschauer wird so deutlich, dass Trumps Image kein spontanes Produkt, sondern das Ergebnis gezielter Inszenierung ist, eine bewusst orchestrierte Fiktion, geschaffen von einem erfahrenen

Abb. 5.3 Screenshots der Eröffnungssequenz von *The Apprentice*

Fernsehproduzenten. Diese Reflexion über die eigene Gemachtheit verweist auf Corner und Rosenthals Konzept der „popular factual entertainment": Reality-TV operiert gezielt an der Grenze zwischen dokumentarischem Realismus und fiktionalem Drama und konstruiert so die Illusion von Authentizität. (Corner/Rosenthal 2005) (Abb. 5.3).

In den späteren Staffeln von *The Apprentice* entwickeln sich die Eröffnungssequenzen weiter, sowohl visuell als auch inhaltlich. Besonders die Kulissen, etwa Trumps Golfresort Trump National, rücken stärker ins Zentrum. Begleitet von einer Off-Stimme Trumps und dramatischer Musik im Stil eines Hans-Zimmer-Blockbusters, wird der Wettbewerbsrahmen der Show in einen nationalen Mythos kapitalistischer Ambitionen überführt. Der rhetorische Kunstgriff liegt darin, Trumps persönliche Marke mit der Skyline von Manhattan und seinen exklusiven Anwesen zu verschmelzen. Und so tritt Trump als Verkörperung des amerikanischen Unternehmergeists in Erscheinung. Diese Inszenierungen entfalten ihre Wirkmacht klar über visuelle Strategien, aber auch über akustische und affektive Dimensionen. Wie an anderer Stelle gezeigt, kann Popmusik „akustische Staatsfantasien" (Mehring 2023: 495) erzeugen, die das Publikum dazu einladen, politische Identitäten und Narrative zu verinnerlichen. Jacqueline Rose (1996) beschreibt diesen Prozess als in der Kraft der Fantasie begründet, nationale Vorstellungswelten zu formen, während Don Pease (2009) in diesem Zusammenhang von der Schaffung „staatlicher Fantasien" spricht, die kollektive Wünsche strukturieren. Diese Perspektiven verdeutlichen, wie Trumps Auftritte nicht nur auf der visuellen Ebene operieren, sondern auch affektive Resonanzen mobilisieren, indem sie audiovisuelle Spektakel nutzen, um autoritäre Botschaften in der kulturellen Imagination zu verankern. Die einleitende Aussage, „Sie kommen aus ganz Amerika. Sie sind hungrige Draufgänger. Jeder hat eine andere Geschichte zu erzählen", positioniert die Kandidaten und Kandidatinnen als archetypische Figuren des amerikanischen Traums: divers, aber geeint im Ehrgeiz, *es zu schaffen*. Co-Produzent Bill Pruitt nannte Burnett einmal einen „großen Mythenschöpfer" (2024) und trifft damit den Nagel auf den Kopf, denn *The Apprentice* inszeniert den Wettbewerb als Mikrokosmos der weit verbreiteten kulturellen Fantasie, dass jeder Erfolg haben kann, wenn er nur hart genug arbeitet.

Durch die Verbindung ikonischer Aufnahmen von Manhattan mit Trumps persönlichen Markenzeichen, vom Trump Tower bis zum Hubschrauber und Golfplatz, wird Trumps Imperium als buchstäblicher und symbolischer Gipfel US-amerikanischen Erfolgs präsentiert. Seine prahlerische Aussage „Von diesem Schreibtisch aus habe ich über 100 Unternehmen aufgebaut …" verwandelt den Schreibtisch in einen Thron, ihn selbst zum Herrscher eines modernen Kapitalismus. Die Montage aus Limousinen, Hubschraubern und Luxusimmobilien dient zwar vor allem der Selbstvermarktung, lässt aber auch die Grenzen zwischen Unterhaltung, Imagepflege und Infomercial verschwimmen. Das Publikum wird in eine Wunschfantasie hineingezogen, die Trumps Autorität und Legitimität als selbstverständlich erscheinen lässt. Der Business-Tycoon war erfunden, für den Empathie nicht nur im Reality-TV nur hinderlich war: „Man spielt keine Rolle, sondern sich selbst, nur größer und lauter." Und so konnte er zur „Galionsfigur des konservativen Backlash" werden, „einer aggressiven Reaktion gegen eine als feindselig wahrgenommene gesellschaftliche Liberalisierung" (Lütjen 2025: 51).

Diese raffinierte Verbindung von Form und Inhalt lässt sich als Beispiel für kulturelle Mythenbildung und die Reproduktion neoliberaler Ideologie lesen. *The Apprentice* funktioniert also zugleich als Fernsehformat, Markenvehikel und ideologisches Projekt. Es handelt sich um ein orchestriertes Spektakel, das den Mythos des unternehmerischen Erfolgs audio-visuell und strukturell vollständig verinnerlicht. Die Bedeutung des Formats reicht über das Fernsehen hinaus. Trumps in *The Apprentice* erlernte Fähigkeit zur Zuspitzung, Wiederholung und affektiven Mobilisierung fand in sozialen Medien eine neue Bühne. Dort setzte er die Dramaturgie des Reality-TVs unter Echtzeitbedingungen fort und transformierte sie zu einem zentralen Element politischer Kommunikation in der Post-Wahrheits-Ära (Albrecht 2022: 89). Damit wird *The Apprentice* zur Blaupause einer politischen Performanz, die in den institutionellen Raum der Präsidentschaft hineinwirkt. Diese Blaupause werden wir im folgenden Unterkapitel am Beispiel des Oval Office weiter analysieren.

5.3 Die Inszenierung der Präsidentschaft: Trump und Selenskyj

Die in *The Apprentice* etablierten Muster politischer Performanz verschwanden nicht mit dem Übergang Donald Trumps vom Fernsehstudio in den institutionellen Raum der Präsidentschaft. In Begegnungen mit Staats- und Regierungschefs – von NATO-Verbündeten wie Emmanuel Macron, Keir Starmer, Jonas Gahr Støre, Shigeru Ishiba und Friedrich Merz bis hin zu Wolodymyr Selenskyj aus der Ukraine und Cyril Ramaphosa aus Südafrika – inszenierte Trump Autorität mit denselben befehlenden Gesten, vereinfachten Botschaften und der spielerisch-konfrontativen Rhetorik, die ihn bereits im Fernsehen geprägt hatten. Diplomatie avancierte zur medialen Performance, Begegnungen im Oval Office mutierten zu Reality-TV-artigen Spektakeln, maßgeschneidert für den Konsum von Unterhaltung durch ein Massenpublikum.

Aus der Vielzahl medial aufgeladener Auftritte wird im Folgenden eine aufschlussreiche Fallstudie herausgegriffen: das Treffen Donald Trumps mit Wolodymyr Selenskyj im Oval Office. An diesem Ereignis lässt sich exemplarisch ablesen, wie außenpolitische Kommunikation unter Bedingungen permanenter Öffentlichkeit zur Performance wird, und wie in dieser Performance Machtansprüche, Deutungshoheit und Verantwortungszuschreibungen neu verteilt werden. Leitend ist dabei die Frage, wie ein diplomatischer Austausch durch mediale Rahmung in ein Spektakel überführt wird und welche politischen Folgewirkungen diese Transformation für demokratische Regierungsführung entfalten können.

Am 28. Februar 2025 trafen sich Donald Trump, Vizepräsident J. D. Vance und Wolodymyr Selenskyj zu einer live übertragenen Sitzung im Oval Office. Offiziell ging es um die Fortsetzung der US-Unterstützung für die Ukraine sowie um ein Abkommen zu Bodenschätzen. Der Austausch kippte jedoch rasch in eine konfrontative Dynamik: Trump und Vance adressierten Selenskyj wiederholt in scharfem, teils polemischem Ton. Das Gespräch endete ohne Einigung. In der öffentlichen Rezeption wurde weniger ein diplomatischer Fortschritt wahrgenommen als eine Eskalation, die Fragen nach Richtung und Verlässlichkeit der US-amerikanischen Ukraine-Politik verstärkte.

In der Folge setzte die Trump-Regierung die militärische und geheimdienstliche Unterstützung für die Ukraine vorübergehend aus, was zu einer weiteren Belastung der diplomatischen Lage führte. Vor diesem Hintergrund lässt sich die Begegnung als paradigmatisches Beispiel für „Macht als Medienereignis" verstehen: Eine hochrangige Verhandlung wurde nicht als diskretes Protokollgeschehen geführt, sondern als global ausgestrahlte Szene, deren Dramaturgie auf Zuspitzung, Rollenverteilung und publikumstaugliche Konfliktmarkierungen ausgerichtet war. Trumps Auftritt orientierte sich damit erkennbar an den Mechanismen medialer Sichtbarkeit.

Anhand weiterer Sequenzen des Treffens vom 28. Februar lässt sich beispielhaft aufzeigen, wie politische Autorität durch performative Gesten, konfrontative Rhetorik und gezielte Medieninszenierung dramatisiert und zugleich infrage gestellt wurde. Dabei steht sowohl die Inszenierung von Macht als auch ihre mediale Rahmung und Rezeption im Zentrum: Wie wird aus einem diplomatischen Moment ein globales Spektakel? Und welche Folgen hat diese Transformation für unser Verständnis von politischer Führung im Zeitalter des Populismus?

Bereits die Eröffnungssequenz der CNN-Übertragung rahmt das Treffen als visuelles Ereignis mit klarer Machtordnung. Trump ist zentral im Bild positioniert, seine Körperhaltung offen, raumgreifend und selbstsicher. Diese visuelle Dominanz wird durch die Inszenierung des Oval Office verstärkt: Der ikonische Schreibtisch, die formale Sitzordnung und die repräsentative Ausstattung fungieren als symbolisches Kapital der Präsidentschaft. In dieser Konstellation erinnert Trumps Auftreten weniger an klassische diplomatische Zurückhaltung als an jene mediale Autorität, die er aus seiner Rolle als Entscheidungsträger in *The Apprentice* kultiviert hat. Die Sequenz evoziert eine beinahe unheimliche Kontinuität zwischen der Ästhetik der Fernsehunterhaltung und der In-

Abb. 5.4 Inszenierung (Mise-en-scène) des Oval Office als Bühne der Macht mit vergoldeten Machtsymbolen (00:02)

szenierung politischer Macht, wodurch sich die Grenzen zwischen Show und Staatsführung weiter verwischen (Abb. 5.4).

Trumps Aufruf „Hören Sie, wenn Sie jetzt einen Waffenstillstand erreichen können, sage ich Ihnen: Nehmen Sie ihn!" zielt nicht auf eine differenzierte Verhandlung. Er ist vor allem ein pointierter Soundbite. Die Aussage ist kurz, eindeutig und konfliktiv formuliert und eignet sich ideal für mediale Weiterverbreitung. In Verbindung mit Trumps dominanter Körpersprache inszeniert sie ihn nicht als gleichberechtigten Verhandlungspartner, sondern als autoritäre Instanz, die entscheidet, bewertet und Anweisungen erteilt. Auch seine Reaktion auf Selenskyjs Hinweis, die USA würden künftig die „schweren Auswirkungen" des Krieges zu spüren bekommen, folgt diesem Muster: „Sagen Sie uns nicht, was wir fühlen werden. Denn Sie sind nicht in der Position, das zu diktieren.... Wir werden uns sehr gut und sehr stark fühlen. Sie sind gerade nicht in einer guten Position." Die Aussage ist konfrontativ, repetitiv und rhetorisch zugespitzt, ganz im Stil der Dramaturgie, die Trumps Medienpersona ausmacht.

Trumps dominante Präsenz in dieser Szene lässt sich im Sinne von Erving Goffmans dramaturgischer Soziologie deuten: Führung wird hier *ge-*

spielt, nicht erklärt. Sie wird visuell gestaltet und dramaturgisch vereinfacht, um gezielt ein imaginäres Publikum anzusprechen, ganz im Sinne von Goffmans Diktum „Wir alle spielen Theater", indem wir uns selbst darstellen (Goffman 1976). Trumps performative Autorität zielt weniger auf sein Gegenüber als auf die mediale Rezeption. Im Kontrast dazu erscheint Selenskyjs Auftreten kontrolliert und zurückhaltend. Sein gesenkter Blick, die geschlossene Körperhaltung und die reduzierte Mimik signalisieren Disziplin und Selbstkontrolle. In der visuellen Dynamik der Szene entsteht dadurch ein deutliches Machtgefälle, das Selenskyj in eine reaktive Position rückt, vergleichbar mit einem Akteur, der sich in einem asymmetrischen Setting behaupten muss. Diese physisch-visuelle Dynamik verstärkt das Machtgefälle zwischen beiden und erinnert unweigerlich an die Struktur von *The Apprentice*, in der Trump über die Schicksale anderer urteilte, und zwar aus einer erhöhten, unangreifbaren Position heraus. Was sich hier abspielt, hat nichts mit klassischer Diplomatie zu tun. Es handelt sich um eine Inszenierung von Macht als visuelles Spektakel. Die politische Bühne wird zur Casting-Show, in der Trump erneut die Hauptrolle spielt.

Man kann diese Szene als performatives Ritual verstehen, das bestehende Machtverhältnisse sichtbar bestätigt. Trumps mediale Dominanz, seine zentrale Position im Bild, seine kontrollierende Sprache und sein Zugriff auf den Raum des Oval Office erzeugt eine symbolische Überlegenheit, die diplomatische Komplexität auf eine vereinfachte Machtszene reduziert. So wird Macht nicht verhandelt, sondern vorgeführt. Dabei handelt es sich keineswegs um bloße Fiktion.

Guy Debord beschreibt das Spektakel als eine Form von Kapital, das sich so weit verdichtet, dass es zur dominanten Bildrealität gesellschaftlicher Kommunikation wird. Übertragen auf die Szene im Oval Office bedeutet das: Trumps visuelle Präsenz fungiert als eigenständige Botschaft. Das Bild des Präsidenten wird selbst zum Träger politischer Bedeutung und verschiebt den Fokus von inhaltlicher Aushandlung hin zur medialen Durchsetzung von Autorität. Die Konsequenz dieser Bilddominanz ist eine mediale Umdeutung geopolitischer Prozesse. Komplexe Konfliktlagen werden durch vertraute visuelle Muster gerahmt: Konfrontation, Sieger und Verlierer, Entscheidungsmomente. Diese Ästhetisierung verschiebt die Aufmerksamkeit: Weg von langfristigen politischen Konsequenzen, hin zu kurzfristiger affektiver Wirkung und narrativer Klarheit.

Eine weitere Schlüsselsequenz veranschaulicht eindrücklich, wie performative Führung im mediengesättigten politischen Raum inszeniert wird: Trump sitzt dominant nach vorne gebeugt, mit ausgestreckter Hand, während Selenskyj weiter innen im Bildrahmen positioniert ist, mit der Hand auf dem Herzen. Diese Haltung erinnert eher an unterwürfige Danksagung als an gleichberechtigte Verhandlung. Die Choreografie entspricht einem stilisierten Drama des Reality-Fernsehens. Macht wird spielerisch vorgeführt. Trumps Haltung, Mimik, Gestik und Tonfall sind oft deckungsgleich mit seiner Persona aus *The Apprentice*, wo Urteile nicht verhandelt, sondern endgültig ausgesprochen wurden: „You're fired!"

Auch hier wird deutlich, dass sich der Mensch ständig soziale Masken aufsetzt bis hin zur Vermummung und Verschleierung. Er passt sich so den verschiedenen Situationen an, in denen er handelt. Mit der sozialen Maske steuert er, wie ihn andere Menschen wahrnehmen (sollen). Schließlich kommt das Wort Person vom lateinischen „persona" und bedeutet Maske (Strasser 2020: 51 f.). Deshalb haben auch die Männer der Delta Force, die den Häuptling von Venezuela entführt haben, Gesichtsmasken getragen, so wie die ICE-Agenten auf den Straßen der Vereinigten Staaten das tun, damit sie geschützt sind, um Dinge zu tun, die nur der Piratenhäuptling und seine Mitstreiter im Lande für legitim halten. So werden auch die maskierten Beleidigungen im Internet zur geschützten, weil freien Meinungsäußerung, die Unwirklichkeit zur Wirklichkeit. Auch die Superhelden Batman, Spider-Man und Captain America tragen Masken, weil sie ihre wahre Identität verschleiern (Kister 2026). Trumps Kartenspiel-Vokabular („Sie haben keine Trümpfe in der Hand ... Sie spielen mit dem Leben von Millionen ... Sie spielen mit dem Dritten Weltkrieg") fungiert als rhetorische Zuspitzung, aber auch als performativer Zugriff auf den Gesprächsablauf. Wird der Konflikt als Spiel inszeniert, tritt argumentativer Austausch zugunsten einer hierarchischen Situationsordnung von Über- und Unterordnung zurück. Trump positioniert sich als derjenige, der „die Karten" hält, Regeln definiert und die Einsatzhöhe bestimmt. In der medialen Situation der Live-Übertragung erhält diese Metapher zusätzliche Wirkung, weil sie die komplexe geopolitische Lage in ein sofort verständliches Gewinner-

Verlierer-Schema übersetzt und damit anschlussfähig für die Verwertung als Clip, Soundbite und Empörungssequenz wird.

Diese Inszenierung lässt sich auch durch Erving Goffmans Konzept der „Vorbühne“ in der sozialen Interaktion verstehen: Führungspersonen präsentieren sich gemäß den Erwartungen ihres Publikums, nicht nur ihres Gegenübers. Trumps selbstbewusster Ton, seine dominante Körpersprache und strategisch vereinfachte Sprache richten sich nur vermeintlich an Selenskyj. Tatsächlich geht es um das unsichtbare Millionenpublikum, das das Spektakel via Fernsehen, Social Media oder Streaming verfolgt. Durch die wiederholte Betonung seiner „Karten“ inszeniert sich Trump als Garant für Stärke und nutzt die Krisensituation zur Dramatisierung seiner eigenen Macht.

Solche medialen Auftritte gleichen bewusst inszenierten Konfrontationen, die auf maximale emotionale Wirkung zielen. Sie stärken das Image eines durchsetzungsstarken Führers, während sie die Komplexität internationaler Beziehungen auf unterhaltsame, aber gefährlich vereinfachte Narrative von Sieg und Niederlage reduzieren. Das Oval Office selbst wird dabei zur Bühne: Zwei Männer auf zwei Stühlen, der eine Gastgeber, der andere Gast; der eine dominant, der andere defensiv. Die Requisiten, vom Raum bis zum Körpergestus, verstärken Trumps überlegene Position und machen aus dem Ort der Regierung eine Kulisse politischer Machtdarstellung, bereit für die massenmediale Verwertung.

Selenskyjs Geste mit der Hand auf seiner Brust entstammt einem anderen Register politischer Darstellung. In der Emotionsforschung gilt sie als Zeichen von Aufrichtigkeit und affektiver Bindung. In der medialen Situation fungiert sie zugleich als kommunikatives Signal, das moralische Integrität und persönliche Betroffenheit betont, unabhängig davon, ob diese als „authentisch“ gelesen oder strategisch eingesetzt wird. Sie steht im Einklang mit Selenskyjs öffentlicher Rolle als Kriegspräsident, der Authentizität, Empathie und moralische Integrität verkörpert. Im Kontrast dazu bedient sich Trump dominanter Gesten und einer Haltung, die auf Charisma und Kontrolle ausgerichtet ist. So entsteht eine klare Dichotomie zweier Führungsstile: Hier der moralisch appellierende Erzähler, dort der performative Machtpolitiker. Wie bereits in *The Apprentice*, versucht Trump auch hier, durch Wiederholung, visuelle Präsenz und stilisierte Inszenierung seine zentrale Rolle zu legitimieren. In dieser

Abb. 5.5 "Don´t tell us what we are going to feel" / "You don`t have the cards" (ab 43:19)

Konstellation wird die klassische Diplomatie von der performativen Durchsetzung von Autorität überlagert. Die Szene ist auf Sichtbarkeit, Dominanz und symbolische Kontrolle ausgerichtet, also zentrale Merkmale dessen, was Debord als die Formen des politischen Spektakels beschreibt (Abb. 5.5).

Auch jenseits von Metaphern zielt Trumps Rhetorik auf Wirkung. Der Satz „Sie haben die Karten nicht in der Hand" wird mehrfach wiederholt, wobei sich der Tonfall mit jeder Wiederholung zuspitzt. So wird aus einer sachlichen Feststellung ein autoritärer Leitsatz, was sich als ein rhetorisches Markenzeichen aus seiner *Apprentice*-Zeit entpuppt. Diese Strategie erinnert an das, was der Linguist Norman Fairclough (1989: 62) als „synthetische Personalisierung" bezeichnet: Die Illusion eines direkten, persönlichen Gesprächs wird geschaffen, während gleichzeitig institutionelle Macht demonstrativ behauptet wird.

Hinzu kommt Trumps charakteristische Selbstvergewisserung durch redundante Wiederholung, etwa in der Aussage: „Wir werden uns sehr gut fühlen. Wir werden uns sehr gut und sehr stark fühlen." Solche Formulierungen erzeugen emotionale Gewissheit, ohne auf argumentative Tiefe einzugehen. Sie übergehen bewusst die Sorgen Selenskyjs über langfristige Auswirkungen des Krieges. Besonders aufschlussreich ist Trumps Unterbrechung: „Sagen Sie uns nicht, was wir fühlen werden." Diese Bemerkung ist spöttisch, aber sie ist auch eine diskursive Machtdemonstration, die Selenskyjs Erfahrungswissen delegitimiert und Trump als alleinige Quelle von Wahrheit und Deutungshoheit positioniert (Abb. 5.6).

Ein weiterer illustrativer Moment der Szene ist Trumps Aussage „Er hat enormen Hass", gefolgt von der Drohung: „Wenn Sie wollen, dass ich hart bin, kann ich härter sein als jeder Mensch, den Sie je gesehen haben." Die Übertreibung ist frappierend, was ihre außenpolitische Tragweite und auch die Theatralik, mit der sie vorgetragen wird, betrifft. Sie erinnert direkt an Trumps Gestik, Tonfall und Blickführung aus *The Apprentice*: ausgestreckte Hand, direkter Augenkontakt, harter Ton. Damit spielt Trump die Rolle des Präsidenten im Modus des Fernsehspektakels. Das Ganze erinnert fast schon an den blutigen Zweikampf im Europa des Mittelalters, wo das Duell als „ein gerichtlich angeordnetes Mittel zur

Abb. 5.6 Präsident Donald Trump streitet im Oval Office mit dem ukrainischen Präsidenten Wolodymyr Selesnkyi. © Jabin Botsford/The Washington Post. (Quelle: The Washington Post, 28.02.2025)

vermeintlichen Wahrheitsfindung“ im Einsatz war, um Ehre und Eitelkeit zu sichern (Slangen 2024).

Trumps öffentliche Persona ist das Resultat einer langjährigen Medienpraxis, in der politische Kommunikation konsequent auf Sichtbarkeit, Wiedererkennbarkeit und affektive Zuspitzung ausgerichtet wurde. In der Begegnung mit Selenskyj zeigt sich, wie dieses Repertoire im außenpolitischen Kontext funktional eingesetzt wird: Geopolitische Komplexität wird in ein performatives Kräftemessen übersetzt, in dem nicht Argumente, sondern Dominanz, Präsenz und mediale Anschlussfähigkeit entscheiden.

Diese Strategie ist in der US-amerikanischen Politik nicht unbekannt. Bereits unter Ronald Reagan gewann politische Kommunikation zunehmend Züge des Showbusiness (Postman 1985: 126). Der entscheidende Unterschied liegt jedoch darin, dass bei Trump der performative Ansatz nicht mehr bloß stilistische Rahmung bleibt, sondern zum zentralen Modus der Regierungsführung wird. Außenpolitik erscheint als öffentliches Ereignis, dessen Erfolg sich an der Wirkung vor der Kamera bemisst. Es tut sich was! Oder wie Torben Lütjen (2025: 51) den Unterschied zwischen Reagan und Trump beschreibt: Reagans Wahlkampfmotto von 1984 lautete „It’s morning again in America (Amerika erlebt einen neuen Morgen.)“, während es bei Trump „immer fünf Minuten vor Mitternacht … und kein Ende der Nacht“ in Sicht sei.

In diesem Setting fungiert Selenskyj weniger als gleichberechtigter Verhandlungspartner denn als Kontrastfolie. Seine ruhige Körpersprache, die Hand-auf-der-Brust-Geste und seine moralisch aufgeladenen Appelle markieren eine andere Form politischer Performance, die auf Glaubwürdigkeit und ethische Dringlichkeit zielt. Gerade dieser Unterschied macht die Asymmetrie der Situation sichtbar: Während Selenskyj um Anerkennung und Solidarität wirbt, inszeniert Trump die Begegnung als Prüfung von Loyalität und Unterordnung.

Der kurze Moment, in dem Selenskyj nach Trumps Bemerkung „Das ist großartiges Fernsehen“ mit einem Daumen nach oben reagiert, verdichtet diese Dynamik. Die Geste entlarvt die Szene als mediales Schauspiel, ohne sich ihm entziehen zu können. Sie markiert zugleich die symbolische Verschiebung von Diplomatie hin zur Inszenierung: Entscheidend ist nicht mehr, was verhandelt wird, sondern wie die Situation öffentlich gerahmt wird (Abb. 5.7).

Die Gegenüberstellung dieser beiden Performanzregime verweist auf einen breiteren Wandel politischer Kommunikation. Wie Pippa Norris betont, ist politische Autorität in postindustriellen Gesellschaften zunehmend an emotionale Bindung und mediale Resonanz gekoppelt (Norris 2000: 156). Im Fall Trumps wird diese Entwicklung jedoch radikalisiert: Institutionelle Verfahren werden durch spektakuläre Auftritte symbolisch überformt. Das Publikum spielt in diesem Prozess eine aktive Rolle. Die mediale Verwertung der Szene durch Live-Übertragung, Wiederholungen und soziale Netzwerke transformiert politische Interaktion in ein öffentliches Urteil über Stärke, Kontrolle und Führungsfähigkeit. Legitimität begründet sich aus performativer Überlegenheit.

In diesem Sinne markiert das Treffen mit Selenskyj einen paradigmatischen Moment zeitgenössischer Machtausübung. Sichtbarkeit wird zur politischen Ressource, das Bild zur Entscheidungsinstanz. Das Spektakel begleitet und strukturiert Politik in einer Weise, die als „Aufmerksamkeitsterror" beschrieben werden kann (Pörksen 2026). Oder wie Minnesotas Gouverneur Tim Walz die tödliche Erschießung einer Frau

Abb. 5.7 Wolodymyr Selenskyj und Donald Trump nach der Bemerkung „great television" (49:39)

durch einen Beamten der Einwanderungsbehörde ICE am 7. Januar 2026 scharf kritisierte: „Was wir sehen, sind die Konsequenzen einer Politik, die Angst erzeugen, Aufmerksamkeit provozieren und Konflikte zuspitzen soll. Das ist Regieren durch Reality-TV“ (Smith 2026).

6

Schlussbetrachtung

Inhaltsverzeichnis

F. Mehring, H. Strasser, *Die USA im kollektiven Ausnahmezustand*,
https://doi.org/10.1007/978-3-658-51160-9_6

In der abschließenden Betrachtung werden die zentralen Befunde zusammengefasst und die Vereinigten Staaten als Gesellschaft im kollektiven Ausnahmezustand interpretiert, in dem Amok und politische Lähmung zwei Seiten derselben Krise darstellen. Es soll noch einmal deutlich gemacht werden, dass Gewalt, Medienspektakel und affektive Mobilisierung nicht als Randphänomene, sondern als strukturelle Symptome einer gefährdeten Demokratie zu verstehen sind.

6.1 Fazit 1: Führung im Zeitalter des Spektakels

Wissenschaftlerinnen und Wissenschaftler, die sich seit der Reagan-Ära mit der Schnittstelle von Medien, Politik und Unterhaltung beschäftigen, haben schon früh vor der Gefahr gewarnt, dass der politische Diskurs vom Spektakel verdrängt werden könnte. Diese Warnungen klingen heute aktueller denn je. Unter Donald Trump haben sich demokratische Institutionen in den USA zunehmend in Bühnen verwandelt mit der Präsidentschaft als Quotengarant. Nicht zuletzt weiß Trump um die Macht der Aufmerksamkeit, die zur „neuen Währung unseres Jahrhunderts" geworden ist (Strasser/Duckwitz 2021: 131). Der medienwirksame Schlagabtausch zwischen Trump und Selenskyj steht exemplarisch für ein neues Paradigma politischer Kommunikation, in dem Regierungsführung mit Performance verschmilzt. Autorität bemisst sich weniger an institutioneller Legitimität als an emotionaler Wirkung und medialer Sichtbarkeit.

Trumps Kommunikationsstrategie basiert auf theatralischer Aggression, populistischer Selbstinszenierung und permanenter Medienpräsenz. Wenn abweichende Meinungen fortlaufend diskreditiert werden, die Presse als Produzent von „Fake News" diffamiert wird, verwandelt sich das Recht auf freie Meinungsäußerung in ein vermeintliches Recht auf Faktenmanipulation (Metz/Seeßlen 2024). Wie Pippa Norris warnt, können populistische Angriffe auf zentrale demokratische Institutionen wie Pressefreiheit, Justiz, Wahlintegrität das gesellschaftliche Vertrauen untergraben und in zynische Ablehnung der Demokratie umschlagen. So bezeichnete Richard Grenell, der frühere US-Botschafter in Deutschland, auf der Plattform X nach einer Sendung im „Auslandsjournal" des ZDF den Journalisten Elmar Theveßen als „linksradikalen Deutschen", der sich nur als Journalist ausgebe und zu Gewalt aufrufe. Grenell legte aber keine Belege vor. Dem Journalisten solle das Visum entzogen werden.

Haben sich die Probleme nicht nur der US-Amerikaner inzwischen so gesteigert und sind mit der ganzen Welt verwoben, dass demokratisches Staatshandeln dem nicht mehr gewachsen ist? Das demonstriert nicht nur die Hassrede, die in den USA unter die Meinungsfreiheit fällt, die durch die Verfassung geschützt ist. Von den Rechten in den USA wird daher ein Verbot als „Cancel Culture" der linken Kulturkämpfer ausgelegt. Die US-amerikanische Geschichte ist dagegen von einem anderen roten Faden der „Cancel Culture" durchzogen, nämlich durch den Feldzug gegen „unamerikanische Aktivitäten", und das nicht erst seit Joseph McCarthy in den 1950er Jahren. Dazu zählt auch die Instrumentalisierung von Attentaten wie das gegen Charlie Kirk oder der Terror von 9/11 (Häntzschel 2025). Weil Trump seine Gegner hasst, wie er bei Kirks Verabschiedung verkündete, wird der Opposition der Krieg und die Antifa per Dekret zur inländischen Terrororganisation erklärt. Und so trug die von Trump am 27. März 2025 unterzeichnete Executive Order den Titel „Wiederherstellung von Wahrheit und Vernunft in der amerikanischen Geschichte". Wenn Trauer zur Kampfansage wird, entstehen seltsame Blüten.

Trumps von Spektakel getriebene Präsidentschaft wirkt dabei doppelt: Sie nutzt die Medien sowohl als Feindbild als auch als Bühne. Diese Bühne avanciert zu einem Ort, an dem populistische Botschaften inszeniert, verstärkt und in politische Polarisierung übersetzt werden. Führung unter diesen Bedingungen ist weniger Ausdruck politischer Kompetenz als performativer Symbolik. Persönlichkeiten wie Trump fungieren als Projektionsflächen kollektiver Hoffnungen oder Ängste, unabhängig von realen politischen Erfolgen. Seine Form dramatisierter Führung hat international Schule gemacht: Auch europäische Politiker übernehmen zunehmend „trumpistische" Strategien der Emotionalisierung, Polarisierung und Medieninszenierung. Winfried Fluck (2009: 263; 2003) sprach in diesem Zusammenhang nicht von einer einseitigen Amerikanisierung, sondern von einem Prozess globaler „Selbstamerikanisierung“, der kulturelle Muster freiwillig übernehme. Lässt sich heute eine politische Version dieses Prozesses beobachten?

Besonders für die Vereinigten Staaten birgt dieser Trend erhebliche Risiken. Der Trumpismus stellt nicht nur eine rhetorische oder stilistische Abweichung vom politischen Mainstream dar, sondern kann auch als strukturelle Bedrohung der liberalen Demokratie verstanden werden. „Democratic backsliding“, also der schleichende Abbau demokratischer Normen, Verfahren und Institutionen, manifestiert sich in der Erosion rechtsstaatlicher Kontrollmechanismen, der Instrumentalisierung der Exekutive, der Delegitimierung von Wahlen sowie in Versuchen, die Justiz und freie Medien zu schwächen. Diese Entwicklungen sind keine abstrakten Gefahren, sondern wurden unter Trump bereits erprobt, etwa im Umgang mit dem Justizministerium, in der Missachtung parlamentarischer Kontrolle oder in Versuchen, Wahlergebnisse, wie das von 2020, zu kippen.

Trumpismus kann man als eine neue Art von Führungsstil begreifen. Er steht für eine ausgesprochen autoritäre Versuchsanordnung im demokratischen Gewand. Durch die Umdeutung von politischer Loyalität in persönliche Gefolgschaft, die Diffamierung demokratischer Institutionen und die Politisierung der Gewaltenteilung entsteht eine gefährliche Dynamik, in der die demokratische Ordnung von innen heraus destabilisiert wird. Dabei greifen Medienperformanz und institutionelle Erosion ineinander: Die spektakularisierten Medienereignisse dienen nicht nur der Ablenkung, sondern auch der Normalisierung von Grenzverschiebungen. Wir beobachten quasi in *real time* wie autoritäre Praktiken zunehmend salonfähig werden. Beim kleinen Münchner Kolloquium im November 2025 merkte Jürgen Habermas sogar an, dass der autoritäre Sog, in dem sich die USA befänden, fast „unumkehrbar“ sei (Rabe 2025). Ist die Demokratie auf dem Weg der Entmächtigung, autoritär gesteuert und technokratisch verwaltet?

In einer Ära politisierter Unterhaltung wird es daher umso wichtiger, die Machtstrukturen hinter solchen medialen Inszenierungen offenzulegen. Im Fall des Treffens zwischen Trump und Selenskyj zeigen sich diese Strukturen in der Bildregie, der Raumordnung und der selektiven Sichtbarkeit dessen, was und wie etwas gesagt, ausgeblendet oder ignoriert wird. Das inszenierte Livebild ist aktiver Bestandteil der politischen Bedeutungsproduktion. Demokratien stehen damit immer stärker vor der Herausforderung, performative Machttechniken als solche zu erkennen und zu entlarven.

Der von Trump angesprochene Kommentar, das Treffen sei „großartiges Fernsehen" gewesen, verdichtet die zuvor analysierten Dynamiken in einem einzigen Satz. Er markiert den Moment, in dem politische Interaktion explizit als Unterhaltungsereignis gerahmt wird. Selenskyjs Daumen-hoch-Geste lässt sich in diesem Kontext ambivalent lesen: als ironische Brechung, als strategische Anpassung oder als unfreiwillige Bestätigung der medialen Muster, die das Geschehen bereits strukturieren.

Die Szene im Oval Office zeigt exemplarisch, wie politische Führung im Modus des Spektakels eskalieren kann: nicht durch physische Gewalt, sondern durch symbolische Überwältigung, öffentliche Demütigung und die systematische Verdrängung institutioneller Verfahren. In dieser Perspektive erscheint das Spektakel als ein Mechanismus, der Konflikte zuspitzt, Verantwortlichkeiten verschiebt und demokratische Selbstbegrenzung unterminiert. Damit illustriert das Treffen zwischen Trump und Selenskyj einen Übergang zu jener Form der Eskalation, die im Verlauf dieses Buches als gesellschaftlicher und institutioneller „Amok" beschrieben wurde.

6.2 Fazit 2: Zwischen Gewaltkultur und Demokratiegefährdung

Am Ende unserer Überlegungen steht die Erkenntnis, dass der Begriff „Amok" weit über seinen ursprünglichen Bedeutungsrahmen hinausgewachsen ist. Er dient heute als Metapher für ein gesellschaftliches Klima, in dem Gewalt, sei sie individuell oder institutionell, real oder symbolisch, zunehmend als legitimes Mittel politischer und kultureller Auseinandersetzung erscheint. Der Begriff beschreibt Eskalationsmomente und verweist zugleich auf tiefgreifende strukturelle Krisen innerhalb der US-amerikanischen Gesellschaft: ein wachsendes Misstrauen gegenüber demokratischen Institutionen, die Aushöhlung von Gewaltenteilung, die Erosion von Öffentlichkeit und ein kulturelles Klima der Polarisierung.

Die Analysen im zweiten und dritten Kapitel zeigen eindrücklich, dass Gewalt in den USA nicht nur als Pathologie Einzelner verstanden werden kann, sondern als Ausdruck historisch gewachsener Mythen, ökonomischer Unsicherheit und soziokultureller Fragmentierung. Der „Amoklauf" repräsentiert die Extremform eines tief eingeschriebenen Gewaltverständnisses, das sich von der Frontier-Ideologie über die NRA-Waffenlobby bis in die Gegenwart zieht. Gewalt entpuppt sich als Selbstermächtigung, als Mittel der Reaktion auf soziale Ohnmacht, nicht zuletzt befördert durch eine Waffenkultur, die das Tragen und Einsetzen tödlicher Mittel zur Identitätsstiftung verklärt.

Die medienkulturellen Perspektiven in Kap. 4 und 5 verdeutlichen, wie sehr diese Gewaltformen durch digitale Kommunikationsformen, popkulturelle Symbole und politische Inszenierungen verstärkt werden. Gerade in der Ära Trump wurde das politische Feld zur Bühne eines Spektakels, das vor allem auf Emotionalisierung setzt. Politik erscheint hier als performative Machtdemonstration. Das Oval Office wird zur Reality-TV-Kulisse, der Präsident zum Darsteller im eigenen Dauerdrama. Die Grenzen zwischen Politik und Populärkultur, zwischen Regierung und Unterhaltung verschwimmen auf Kosten demokratischer Substanz.

In der Zusammenschau beider Perspektiven ergibt sich ein alarmierendes Gesamtbild: Der „Amok" ist kein isoliertes Phänomen, sondern die Signatur eines systemischen Wandels. Was sich zeigt, ist ein gefährlicher Kreislauf: Je stärker sich politische Diskurse auf Erregung und Konfrontation verlagern, desto mehr wächst das Misstrauen in das demokratische System und desto anfälliger wird die Gesellschaft für autoritäre Versuchungen. In diesem Klima kann sich ein populistischer Führungsstil etablieren, der demokratische Prinzipien als Hindernisse betrachtet und Legitimation durch mediale Sichtbarkeit und affektive Mobilisierung erzeugt.

Diese Entwicklungen sind keine US-amerikanische Ausnahmeerscheinung. Auch in Europa, wie an verschiedenen Stellen angedeutet, sind ähnliche Dynamiken zu beobachten: Der Rückgriff auf historische Mythen, die Instrumentalisierung kollektiver Ängste, der Umbau demokratischer Institutionen durch rechte Bewegungen sind Symptome einer größeren Krise liberaler Demokratien im 21. Jahrhundert. Die Frage ist nicht mehr, ob die Demokratie unter Druck steht, sondern wie Gesellschaften auf diese Herausforderung reagieren.

Das vorliegende Buch versteht sich als ein Beitrag zu dieser Debatte, und zwar mit einem doppelten Zugriff: soziologisch und medientheoretisch. Beide Perspektiven ergänzen sich und zeigen, dass die Verteidigung demokratischer Prinzipien mehr erfordert als bloße Systemtreue: Sie verlangt kulturelles Bewusstsein, historische Reflexion, medienkritische Kompetenz und politischen Mut. „Es liegt an uns allen, das zu reparieren", sagte Obama in einer Rede vom 4. April 2025 am Hamilton College zu antidemokratischen Entwicklungen in den USA. „Es wird nicht daran liegen, dass jemand kommt und euch rettet. Das wichtigste Amt in dieser Demokratie ist das des Bürgers, der ganz normalen Person, die sagt: Nein, das ist nicht richtig."

In diesem Sinne ist die Auseinandersetzung mit dem Phänomen „Amok" auch ein Aufruf zur demokratischen Selbstverteidigung gegen die Kräfte der Vereinfachung, der Polarisierung und der Gewalt, auf dass der Amok nicht ins Dauer-Koma führt und die Nation nicht vor oder nach ihrem 250. Geburtstag am 4. Juli 2026 zerbricht. Eine „Task Force 250" ist schon per Executive Order im Amt und wird hoffentlich einen wahren Blick auf die Vergangenheit richten. War doch der Revolutionskrieg auch ein Bürgerkrieg, in dessen zweitem Kriegsjahr am 4. Juli 1776 die Unabhängigkeit von den englischen Kolonien erklärt wurde: „Ebenso wussten die versklavten Schwarzen und die indigene Bevölkerung, dass die Freiheit, die hier errungen werden sollte, nicht ihre Freiheit war" (Staas 2025). Immerhin lauten die ersten Worte in der US-Verfassung noch immer: „We the people ..."

6.3 Fazit 3: Die USA zwischen Amok und Koma – Zwei Seiten eines kollektiven Ausnahmezustands

Manchmal verrät ein Wortspiel mehr über den Zustand einer Gesellschaft als umfangreiche Statistiken, weil es die Wirklichkeit auf eine neue Weise entbirgt. Liest man das Wort „Amok“ rückwärts, entsteht „Koma“, eine zufällige Umkehrung, gewiss, aber eine, die auf verstörende Weise stimmig wirkt, gerade im Hinblick auf die gegenwärtige Krise demokratischer Kulturen.

Denn was ist der Amoklauf anderes als der eruptive Ausbruch eines inneren Drucks, das explosive Ventil eines lange aufgestauten Gefühls der Ohnmacht, der Wut, der Entfremdung? Und was ist das Koma, wenn nicht das Gegenteil: das Erstarren, das Verstummen, der völlige Rückzug aus der Welt? Beide Zustände – Amok und Koma – markieren Extremformen des Verlusts von Beziehung, Kontrolle und Resonanz.

Im kollektiven Maßstab betrachtet, scheint sich unsere Zeit zwischen diesen Polen zu bewegen: einer Gesellschaft, die einerseits in aggressiver Raserei entgleist und andererseits in einer Art demokratischem Koma verharrt, unfähig, auf Warnsignale zu reagieren. Nicht nur die USA befinden sich in diesem kollektiven Ausnahmezustand von politischer Gewalt und bewusstloser Ohnmacht. Wo Politik zur permanenten Reizüberflutung wird, ziehen sich viele ins Private zurück, stumpfen ab, verfallen in Gleichgültigkeit, während andere in Wut ausbrechen und sich radikalisieren.

Diese doppelte Bewegung, das Koma der einen, der Amok der anderen speist sich aus denselben Quellen: Vertrauensverlust, strukturelle Ohnmacht und mediale Dauererregung. Das Koma ist die stille Schwester des Amoks: unauffälliger, aber nicht minder gefährlich. Denn wo niemand mehr widerspricht, wo Frust und Resignation regiert, wird Radikalisierung möglich, ja, normal.

Der rückwärts gelesene Amok-Begriff macht sichtbar, wie eng Lähmung und Gewalt, Passivität und Aggression miteinander verwoben sind. Wer das eine verhindern will, muss das andere verstehen. Die Alternative wäre, Trump nicht als Irrtum der Geschichte, sondern als logische

Konsequenz zu verstehen. Die logische Konsequenz, um es sozialwissenschaftlich auf den Punkt zu bringen, bestünde darin, die Beschleunigung und Digitalisierung unserer Lebenswelt in die „schöpferische Zerstörung" des globalen Marktes im Sinne des Ökonomen Joseph Schumpeter zu überführen (Kreye 2024). Regelbruch und Unberechenbarkeit haben Trump schon lange zum disruptiven Charakter gemacht (Kornelius 2024).

Ob die radikalisierten Verlierer der Globalisierung der Ökonomie und des Wertewandels der Gesellschaft ihr Land wieder zurückholen können, das ihnen von den „liberalen Eliten" angeblich gestohlen wurde, ist in einer Politik der Show mehr als fraglich. Ganz abgesehen davon, sitzt Trump auf einem Vulkan einer immensen Staatsverschuldung, die inzwischen bei 37 Bio $ liegt und pro Jahr 850 Mrd. $ allein an Zinszahlungen nach sich zieht. Die neue Dollarmünze mit seinem Konterfei, die in Umlauf gebracht werden soll, wird da auch nicht weiterhelfen. Retter wird auch nicht Trumps Neuauflage des Merkantilismus durch seine Zollpolitik sein, der die Weltwirtschaft zu einem Nullsummenspiel machen soll, in dem der Gewinn einer Nation der Verlust einer anderen sein müsse. Es ist vielmehr ein Machtspiel nach dem Motto „Der Staat bin ich" (Buchter 2025b). Eher wächst die Gefahr eines Bürgerkriegs, eines Amoks im Koma.

Und so können wir uns abschließend nur wundern, ähnlich wie es Heribert Prantl (2025) anlässlich der Amtseinführung von Trump getan hat, „dass so einer ein Anführer einer Welt sein kann, die man früher ‚die freie Welt' nannte". Oder müssen wir damit beginnen, „das Gute im Unguten zu suchen" und Sigmund Freuds Spruch „Amerika ist ein Fehler" übernehmen? Lässt sich dieser Fehler korrigieren? Hoffnung, dass es klappt, oder Angst vor dem, was kommt? Enttäuschung wäre zu einfach.

Barack Obama erinnerte 2025 daran, dass das wichtigste Amt in einer Demokratie das des Bürgers sei. Angesichts der gegenwärtigen Konstellation, in der Amok zum Signum politischer, kultureller und medialer Dynamiken geworden ist, gewinnt diese Formulierung eine neue, beinahe existenzielle Dringlichkeit. Walter Benjamin hat in der These VIII seiner geschichtsphilosophischen Thesen darauf hingewiesen, „dass die Tradition der Unterdrückten uns belehrt, dass der ‚Ausnahmezustand', in dem wir leben, die Regel ist" (Brodersen 2005). In der Perspektive beider Stimmen erscheint der kollektive Ausnahmezustand als strukturprägendes Moment unserer politischen Gegenwart und nicht mehr als Anomalie. Aber wo führt das hin, fragt man sich, wenn alles, was geschieht, zur Unterhaltung wird? Die Trumpiaden reichen inzwischen von Geschichtsklittereien über TV-Spektakeleien und Beleidigungen landauf landab bis zu Gewaltakten diesseits und jenseits der Grenze.

Umso notwendiger wird eine demokratische Praxis, die nicht in der passiven Rolle des Zuschauers eines Spektakels verharrt, sondern sich als aktive, transatlantische Bürgerschaft versteht, als Trägerin einer gefährdeten, aber verteidigungsfähigen Demokratie. Denn die passive Rolle in Trumps Politik „verwandelt Zweifel in Schweigen, bis Schweigen zur Normalität wird. So entstehen Autokratien" (Sahay 2025).

Oder meistern es die US-Amerikaner, im Ausnahmezustand stellenweise Alltag zu schaffen und nicht den Ausnahmezustand zum Alltag zu machen? Würde der Ausnahmezustand zum Alltag gemacht, würde Trumps innere und äußere Weltdeutung zur sich selbsterfüllenden Prophezeiung: „Weil die Menschen denken, die Verhältnisse seien so, handeln sie, als wären sie so; und weil sie so handeln, werden die Verhältnisse wirklich so, wie sie es sich denken" (Müller 2003: 13).

Während Trump die Ausnahmezustände ständig wiederholt, sprechen andere wie der frühere Bundeskanzler Olaf Scholz nach dem Beginn des Ukrainekriegs von der „Zeitenwende", womit die Nachkriegszeit, die Zeit ohne Krieg, an ihr Ende gekommen ist. Die neuen Kommunikationstechniken lassen Soziologen wiederum von Transition(en) sprechen, deren Wandel mit den Fortschrittsmöglichkeiten in der Medizin und den Veränderungen in der Arbeitswelt ebenso zu tun hat wie in unserem Konsumverhalten und den politischen Entscheidungen. Aber auch wir selbst als handelnde Personen sind Teil des Ganzen, erleben Wendezeiten, müssen die Gesellschaft verstehen und uns anpassen (Wohlrab-Sahr 2026; Strasser 2025). Die Wendezeiten werden auch die Mächtigen erreichen und zu ihrem Ende bringen. Macht ist nur geliehen.

Coda: *For What It's Worth*

F. Mehring, H. Strasser, *Die USA im kollektiven Ausnahmezustand*,
https://doi.org/10.1007/978-3-658-51160-9

©Martin Goppelsröder

For What It's Worth – Was auf dem Spiel steht. Vielleicht ist es kein Zufall, dass dieser Song von Buffalo Springfield mit dem Text von Stephen Stills aus dem Jahr 1966 bis heute als leise Warnung nachhallt. „There's something happening here / What it is ain't exactly clear." Dieser Satz beschreibt nicht nur das Lebensgefühl einer Generation im Kalifornien der Sechzigerjahre, sondern auch den Zustand einer Gegenwart, in der Unruhe allgegenwärtig ist, ohne dass ihre Ursachen eindeutig benannt werden könnten. Gewalt tritt damals wie heute sichtbar hervor, wird Teil der öffentlichen Szenerie, medial vervielfacht und zugleich auf gefährliche Weise normalisiert.

Und doch bleibt die Aufforderung dieselbe: „I think it's time we stop". Innehalten, hinschauen, zuhören. „Children, what's that sound? Everybody look what's going down".

Vielleicht liegt in dieser Geste des aufmerksamen Wahrnehmens eine der letzten demokratischen Ressourcen: nicht wegzusehen, nicht zu erstarren, nicht in den Amok oder ins Koma zu kippen, sondern den Ausnahmezustand als solchen zu erkennen, ihm eine politische, gesellschaftliche und mediale Praxis entgegenzusetzen: Wachsamkeit statt Betäubung, Verantwortung statt Spektakel. Es steht viel auf dem Spiel. „Everybody look what's going down."

Günther Zins, „Abwärts." Ölfarbe und Bleistift, 1985/2026.

Über die Autoren

Frank Mehring, geb. 1970 in Alsfeld (Hessen), ist Professor für American Studies an der Radboud Universität Nijmegen, Präsident der Netherlands American Studies Association und Regionalleiter der Deutschen Atlantischen Gesellschaft. Er ist Mitbegründer der Fachzeitschrift *American Literatures* sowie ehrenamtlicher Leiter des Museum Forum Arenacum in Rindern. Seine Forschung bewegt sich an der Schnittstelle von Politik, populärer Kultur und audio-visueller Medienpraxis, mit einem besonderen Fokus auf die Ästhetisierung politischer Macht und die Wechselwirkungen von Musik, Ritual und Identität in der US-amerikanischen Kulturgeschichte.

Zu seinen jüngsten Projekten zählen die transatlantischen Studien *Songs of Liberation in the Netherlands* und *Faces of Liberation* (beide 2025) sowie Arbeiten zu Erinnerungskulturen, darunter Publikationen zu Josef Beuys (zus. mit G. Ludwig *Beuys Land.* 2024) und zum transatlantischen Wirken des Künstlers Winold Reiss im Kontext der Blackfeet Nation und der Harlem Renaissance (*The Multicultural Modernism of Winold Reiss.* 2022; *The Mexico Diary.* 2016). Neben seiner wissenschaftlichen Tätigkeit kuratiert und moderiert Mehring regelmäßig öffentliche Veranstaltungen, wirkt in Medien und digitalen Kommunikationsformaten mit, beteiligt sich an gesellschaftlichen Debatten und setzt sich für eine zugängliche Wissenschaftskommunikation und Nachhaltigkeit in den Geisteswissenschaften ein.

Hermann Strasser, geb. 1941 in Altenmarkt/Pongau (Österreich), ist Soziologe und emeritierter Professor der Universität Duisburg-Essen. Nach Studien der Nationalökonomie und Soziologie in Österreich, Deutschland und den USA habilitierte er sich im Fach Soziologie an der Universität Klagenfurt. Von 1971 bis 2007 lehrte und forschte er an verschiedenen nationalen und internationalen Institutionen, darunter als Wissenschaftlicher Mitarbeiter am Institut für Höhere Studien in Wien und als Gastprofessor an der University of Oklahoma in Norman, OK. Ende 1977 übernahm er den Lehrstuhl für Soziologie an der damaligen Gesamthochschule Duisburg, heute Universität Duisburg-Essen.

Seine Lehr- und Forschungsschwerpunkte lagen in der soziologischen Theorie, der Analyse sozialer Ungleichheit, des sozialen Wandels und der Kultursoziologie, zuletzt zu Themen des sozialen Kapitals und bürgerschaftlichen Engagements. Strasser ist Autor und Herausgeber eines umfangreichen wissenschaftlichen Œuvres, das 35 Monografien und Sammelbände sowie über 400 Aufsätze umfasst. Neben theoretischen und empirischen Studien veröffentlichte er auch autobiografische Reflexionen zur wissenschaftlichen Lebens- und Zeitgeschichte, darunter *Die Erschaffung meiner Welt* (2014) und *Mein preußisches Jahrzehnt 1978–1989* (2025). Zu seinen jüngsten Publikationen zählen Studien zu Fragen der Kommunikation (*Der Kommunikator als Architekt der Gesellschaft: Blicke, Worte, Gesten.* 2020) und des Influencertums (zus. mit A. Duckwitz, *Promis im Wandel: Von den Celebritys zu den Influencern.* 2021) sowie Essays und Kurzgeschichten zur gesellschaftlichen (Nicht-)Normalität (*Gestatten, bestatten!* 2012; *Der Mensch ist nicht normal: Geschichten kreuz und quer.* 2023).

Literatur

Abel, Fred. Authoritarian Spectacle: Media, Populism, and the Crisis of Democracy. New York: Verso, 2024.

Adler, Lothar. „Amok. Geschichte und Ergebnisse aus psychiatrischer Perspektive." In: Ralf Junkerjürgen und Isabella von Treskow, Hrsg., Amok und Schulmassaker: Kultur und medienwissenschaftliche Annäherungen. Bielefeld: transcript Verlag, 2015: 17–50.

Albrecht, Michael Mario. Trumping the Media: Politics and Democracy in the Post-Truth Era. New York: Bloomsbury Academic, 2022.

Alexander, Jeffrey C. The Performance of Politics: Obama's Victory and the Democratic Struggle for Power. Oxford: Oxford University Press, 2010.

Andersen, Kurt. Fantasyland – 500 Jahre Realitätsverlust. Die Geschichte Amerikas neu erzählt. München: Goldmann Verlag, 2018a.

Andersen, Kurt. Im Gespräch mit Gabriele Riedle über „USA leiden unter Realitätsverlust" in Essay und Diskurs, Deutschlandfunk, 28. Oktober 2018b.

Andree, Martin. „Nachruf auf den Liberalismus." In: In: Süddeutsche Zeitung vom 2. Januar 2026.

Assheuer, Thomas. „Amerikas Geister." In: DIE ZEIT Nr. 15 vom 4. April 2024.

Auslander, Philip. Liveness: Performance in a Mediatized Culture. 2. Aufl. London: Routledge, 2008.

F. Mehring, H. Strasser, *Die USA im kollektiven Ausnahmezustand*,
https://doi.org/10.1007/978-3-658-51160-9

Auster, Paul. Bloodbath Nation. Mit Fotos von Spencer Ostrander. Hamburg: Rowohlt Verlag, 2024.

Baier, Dirk, Christian Pfeiffer, Julia Simonson und Susann Rabold. „Jugendliche in Deutschland als Opfer und Täter von Gewalt." Erster Forschungsbericht zum gemeinsamen Forschungsprojekt des Bundesministeriums des Innern und des Kriminologisches Forschungsinstituts Niedersachsen (KFN) 2009.

Baudrillard, Jean. Simulacra and Simulation. Übersetzt von Sheila Faria Glaser. Ann Arbor: University of Michigan Press, 1994.

Beck, Teresa Koloma, und Klaus Schlichte. Theorien der Gewalt zur Einführung. Hamburg: Junius, 2017.

Bentley, Christa Anne, Kate Galloway und Paula Harper, Hrsg. Taylor Swift: The Star, the Songs, the Fans. New York: Routledge, 2025.

Bewerunge, Martin. „Die grosse Gier nach Seltenen Erden." In: Rheinische Post vom 31. März 2025.

Blüm, Norbert, Heiner Geißler und Rupert Neudeck. Nach dem Krieg. Vor dem Frieden. Freiburg i. Brsg.: Herder Verlag, 2003.

Bolz, Norbert. Die Sinngesellschaft. Berlin: Kulturverlag Kadmos, 2012.

Bovermann, Philipp, und Andrian Kreye. „Der Debattenkönig." In: Süddeutsche Zeitung vom 12. September 2025.

Brodersen, Momme. Walter Benjamin. Leben, Werk, Wirkung. Frankfurt/M.: Suhrkamp Verlag, 2005.

Buchter, Heike. „Nichtwissen ist Macht." In: DIE ZEIT Nr. 43 vom 9. Oktober 2025a.

Buchter, Heike. „Der Staat bin ich." In: DIE ZEIT Nr. 37 vom 28. August 2025b.

Buffalo Springfield. „For What It's Worth (Stop, Hey What's That Sound)." Single, 1966. Geschrieben von Stephen Stills. Aufgenommen am 5. Dezember 1966. Atco Records, Vinyl.

Burghardt, Peter. „Zwei Massenschießereien – pro Tag." In: Süddeutsche Zeitung vom 24. November 2022.

Burghardt, Peter. „Zeit für klare Worte." In: Süddeutsche Zeitung vom 18. März 2024a.

Burghardt, Peter. „Gewaltige Worte." In: Süddeutsche Zeitung vom 23./24. März 2024b.

Burghardt, Peter. „Mit Papas Pistole." In: Süddeutsche Zeitung vom 11. April 2024c.

Burghardt, Peter. „Von Lincoln bis Kirk." In: Süddeutsche Zeitung vom 15. September 2025.

Büchse, Nicolas, und Jens König. „Der Hass der weißen Männer." In: Stern vom 22. August 2019.

Canetti, Elias. Masse und Macht. 35. Aufl. Frankfurt/M.: S. Fischer Verlag, 1980.

Carroll, Georgia. „Make the Friendship Bracelets … On Your Own, Kid: Wispy Community in the Taylor Swift Fandom." In: Taylor Swift: The Star, the Songs, the Fans. Hrsg. von Christa Anne Bentley, Kate Galloway und Paula Harper. New York: Routledge, 2025: 249–260.

Cassidy, Alan. „Abgründe am rechten Rand." In: Süddeutsche Zeitung vom 30./31. Januar 2021.

Cassidy, Alan. „Getrennt durch das gleiche Schicksal." In: Süddeutsche Zeitung vom 28. August 2020.

Corner, John, und Alan Rosenthal, Hrsg. New Challenges for Documentary. 2. Auflage. Manchester: Manchester University Press, 2005.

Corner, John. Mediated Politics: Communication in the Future of Democracy. Cambridge: Cambridge University Press, 2003.

Couldry, Nick, und Andreas Hepp. The Mediated Construction of Reality. Cambridge: Polity Press, 2017.

Crews, Alexis. „Es geht um die Architektur der Zukunft." In: Süddeutsche Zeitung vom 19. Dezember 2025.

Couldry, Nick. Media Rituals: A Critical Approach. London: Routledge, 2003.

Croitoru, Joseph. „Mit Gott und Gewalt." In: Süddeutsche Zeitung vom 5. September 2022.

da Empoli, Giuliano. Die Stunde der Raubtiere. Macht und Gewalt der neuen Fürsten. München: C. H. Beck, 2025.

Dayan, Daniel, und Elihu Katz. Media Events: The Live Broadcasting of History. Cambridge, MA: Harvard University Press, 1992.

Debord, Guy. Die Gesellschaft des Spektakels. Übersetzt von Donald Nicholson-Smith. New York: Zone Books, 1995.

Deininger, Roman. „Die zweite Schlacht um das Alamo." In: Süddeutsche Zeitung vom 15./16. April 2023: 11–13.

Deininger, Roman. „Oh, Gott." In: Süddeutsche Zeitung vom 29. Oktober 2024.

Denisoff, R. Serge. Sing a Song of Social Significance. Bowling Green, OH: Bowling Green University Popular Press, 1972.

DeNora, Tia. Music in Everyday Life. Cambridge: Cambridge University Press, 2000.

Deutschlandfunk. Eine Welt, „Mexiko – Klage gegen U.S.-Waffen-Firmen", 5. Februar 2022.

Didion, Joan. Where I Was From. New York: Harper Perennial, 2004 (dt. Woher ich kam. Berlin: Ullstein Verlag, 2019).

Dotan-Dreyfus, Tomer. „Der Schock ist das Ziel.“ In: Süddeutsche Zeitung vom 27./28. September 2025.

Ebrahimi, Nava. „Die Tasse Kaffee.“ In: Süddeutsche Zeitung vom 31. Dezember 2025/1. Januar 2026.

Edelman, Murray J. Constructing the Political Spectacle. Chicago: University of Chicago Press, 1988.

Edwards, Leigh H. Der Triumph des Reality-TV: Die Revolution im amerikanischen Fernsehen. Santa Barbara, CA: Praeger, 2013.

Ekman, Paul. Emotions Revealed: Recognizing Faces and Feelings to Improve Communication and Emotional Life. New York: Henry Holt, 2003.

Elbert, Thomas. „Wie ein Schuss Heroin.“ Interview mit Christina Berendt in Süddeutsche Zeitung vom 9./10. April 2022.

Endter, Heike. Die Verheimatlichung der Welt: Fünf Essays über Western und Migration. Berlin: Neofelis Verlag, 2018.

Endter, Heike. „Eine Frage nationaler Identität.“ In: Rotary Magazin (März 2023): 34–37.

Fairclough, Norman. Sprache und Macht. London: Longman, 1989.

Fast, Susan. Michael Jackson's Dangerous. London: Bloomsbury Academic, 2014.

Fellmann, Fabian. „Millionenabfindung für Hinterbliebene von Amoklauf.“ In: Süddeutsche Zeitung vom 17. Februar 2022a.

Fellmann, Fabian. „Ein tödliches Feiertagswochenende.“ In: Süddeutsche Zeitung vom 6. Juli 2022b.

Fellmann, Fabian. „Kristi Noem: Erzkonservativ und loyal – das gefällt Donald Trump.“ In: Süddeutsche Zeitung vom 20. September 2023.

Fineman, Howard. „Warum die USA ihre Waffengesetze nicht ändern werden.“ In: The Huffington Post vom 10. August 2015.

Flade, Florian, Lena Kampf, Georg Mascolo und Nicolas Richter, „Der Traum vom Krieg.“ In: Süddeutsche Zeitung vom 6. März 2020.

Fluck, Winfried. „‚California Blue‘. Amerikanisierung als Selbstamerikanisierung.“ In: Globalisierungswelten. Kultur und Gesellschaft in einer entfesselten Welt. Hrsg. von Marcus S. Kleiner und Hermann Strasser. Köln: Herbert von Halem Verlag, 2003: 102–124.

Fluck, Winfried. „The Americanization of Modern Culture: A Cultural History of the Popular Media.“ In: Romance with America? Essays on Culture, Literature, and American Studies. Hrsg. von Laura Bieger und Johannes Voelz. Heidelberg: Winter, 2009: 239–268.

Fox, Amaryllis. „Terroristen." Interview mit Jürgen Schmieder. In: Süddeutsche Zeitung vom 16./17. November 2019.

Frei, Norbert. „Erbsünde." In: Süddeutsche Zeitung vom 11. September 2020.

Friedman, Thomas L. „This Never Happened With an American President Before." The New York Times, 28. Februar 2025.

Frith, Simon. Performing Rites: On the Value of Popular Music. Cambridge, MA: Harvard University Press, 1996.

Gamperl, Elisabeth. „Zeichen setzen!" In: Süddeutsche Zeitung vom 10./11. August 2019.

Georgi-Findlay, Brigitte. „Alles nur Red-State-Dramen?" In: Rotary Magazin (März 2023): 42.

Gerhardt, Daniel. „Content und Konfetti regnen vom Stadionhimmel." In: DIE ZEIT vom 18. Juli 2024. https://www.zeit.de/kultur/musik/2024-07/taylor-swift-gelsenkirchen-swiftkirchen-konzert-eras-tour

Goffman, Erving. Wir alle spielen Theater: Die Selbstdarstellung im Alltag. 3. Aufl. München: Piper Verlag, 1976.

Gerste, Ronald D. „Der aufständische Präsident." In: DIE ZEIT Nr. 17 vom 18. April 2024.

Giddens, Anthony. Soziologie. 2., überarbeitete Aufl. Hrsg. von Christian Fleck und Hans Georg Zilian. Graz: Nausner & Nausner, 1999.

Göttler, Fritz. „Nach dem Attentat." In: Süddeutsche Zeitung vom 16./17. März 2024.

Göttler, Fritz. „Skalpiert von der Mormonen-Miliz." In: Süddeutsche Zeitung vom 15. Januar 2025.

Gorski, Philip S., und Samuel L. Perry, The Flag and the Cross: White Christian Nationalism and the Threat to American Democracy. New York: Oxford University Press, 2022.

Grafe, Roman. Spaß und Tod. Vom Sportwaffen-Wahn – Opfer, Täter, Lobbyisten. Halle: Mitteldeutscher Verlag, 2019.

Gray, John. „Why this crisis is a turning point in history." In: New Statesman vom 1. April 2020.

Greiner, Bernd. Weißglut: Die inneren Kriege der USA. Eine Geschichte von 1900 bis heute. München: C. H. Beck Verlag, 2025.

Groff, Lauren. Die weite Wildnis. Roman. Berlin: Claassen, 2023.

Grossberg, Lawrence. We Gotta Get Out of This Place: Popular Conservatism and Postmodern Culture. New York: Routledge, 1992.

Gurk, Christoph. „Todsicher." In: Süddeutsche Zeitung vom 28. Dezember 2021.

Haaf, Meredith. „,Eine äußerst seltene Angelegenheit'." In: Süddeutsche Zeitung vom 8. Juni 2020a.

Haaf, Meredith. „Unter Ungleichen." In: Süddeutsche Zeitung vom 24. November 2020b.

Haas, Michaela. „Stufe Rot." In: Süddeutsche Zeitung vom 5./6. Oktober 2024.

Haas, Michaela. „Trump gefällt's." In: Süddeutsche Zeitung vom 13./14. September 2025.

Haberman, Maggie, Alan Feuer, Richard Fausset, Danny Hakim und Jonathan Swan. „Trump's Mug Shot Released After Surrender in Georgia". In: The New York Times vom 24. August 2023. https://www.nytimes.com/2023/08/24/us/politics/trump-mug-shot.html

Hall, Stuart. The Hard Road to Renewal: Thatcherism and the Crisis of the Left. London: Verso, 1988.

Harris, Kamala. Der Wahrheit verpflichtet. Meine Geschichte. Die Autobiographie. München: Siedler Verlag, 2021.

Hebel, Udo J. „Mapping Interpictorial Clusters." In: Pictorial Cultures and Political Iconographies: Approaches, Perspectives, Case Studies from Europe and America. Hrsg. von Udo J. Hebel und Christoph Wagner. Berlin: De Gruyter, 2011: 43–64.

Herrmann, Boris. „Die zerbrochene Nation." In: Süddeutsche Zeitung vom 12. September 2025a.

Herrmann, Boris. „Wenn Gott das wüsste." In: Süddeutsche Zeitung vom 23. Dezember 2025b.

Herrmann, Sebastian. „Wir und die Bösen." In: Süddeutsche Zeitung vom 19. Januar 2022.

Hill, Annette. Reality TV: Audiences and Popular Factual Television. London: Routledge, 2005.

Hinton, Elizabeth. America on Fire. Rassismus, Polizeigewalt und Schwarze Rebellion seit den 1960ern. München: Blessing Verlag, 2021.

Häntzschel, Jörg. „Kein Volltreffer von Paul Auster." In: Süddeutsche Zeitung vom 5. März 2024.

Häntzschel, Jörg. „Eine Waffe namens ,Hassrede'." In: Süddeutsche Zeitung vom 19. September 2025.

Hütten, Felix. „Metall, Blut und Schmerz." In: Süddeutsche Zeitung vom 10./11. August 2019.

Jamieson, Kathleen Hall, und Yochai Benkler. Network Propaganda: Manipulation, Disinformation, and Radicalization in American Politics. Oxford: Oxford University Press, 2018.

Jenkins, Henry. Textual Poachers: Television Fans and Participatory Culture. New York: Routledge, 1992.

Jensen, Lars. „Der vergiftete Traum." In: Focus Nr. 40 vom 2. Oktober 2021 24–29.

Jensen, Lars. „Keine Stille nach dem Schuss." In: Focus Nr. 22 vom 24. Mai 2024: 24–28.

Jürgens, Johanna. „Wo war ich gerade? Was sollte ich noch mal?" In: DIE ZEIT Nr. 50 vom 27. November 2025: 13–15.

Junker, Detlef. Power and Mission: Was Amerika antreibt. 2. Aufl. Freiburg i. Brsg.: Herder Verlag, 2003.

Kaehlbrandt, Roland. „Es gibt leider Vorurteile über die deutsche Sprache." Interview mit Leon Frei in Süddeutsche Zeitung vom 23. Oktober 2025.

Kagan, Robert. The Jungle Grows Back: America and Our Imperiled World. New York: Knopf, 2018.

Kamalipour, Yahya R., Hrsg. Globale Medienwahrnehmung der Vereinigten Staaten: Der Trump-Effekt. Lanham, MD: Rowman & Littlefield, 2021.

Kavka, Misha. Reality Television, Affect and Intimacy: Reality Matters. Basingstoke: Palgrave Macmillan, 2008.

Kawakami, Mieko. Das gelbe Haus. Roman. Köln: Dumont Verlag, 2025.

Keefe, Patrick Radden. „Wie Mark Burnett Donald Trump als Ikone des amerikanischen Erfolgs wiederauferstehen ließ." In: The New Yorker vom 7. Januar 2019.

Kelley, William Melvin. Ein anderer Takt. Roman. Hamburg: Hoffmann und Campe Verlag, 2019.

Kellner, Douglas. Media Spectacle. London: Routledge, 2003.

Kellner, Douglas. „Donald Trump, Media Spectacle, and Authoritarian Populism." In: Fast Capitalism 14, Nr. 1 (14. Juni, 2017). https://fastcapitalism.uta.edu/14_1/Kellner-Donald-Trump-Media.htm

Kennedy, A. L. „Die Bürde des weißen Mannes." In: Süddeutsche Zeitung vom 25. Februar 2020.

Kheraj, Alim. „Taylor Swift's silence on the Trump administration using her music speaks volumes." In: The Guardian vom 15. November 2025. https://www.theguardian.com/music/2025/nov/15/taylor-swift-silence-trump-administration-speaks-volumes

Kinzig, Jörg. Noch im Namen des Volkes? Über Verbrechen und Strafe. Zürich: Orell Füssli, 2020.

Kister, Kurt. „Doch, das ist Amerika." In: Süddeutsche Zeitung vom 9./10. Januar 2021.

Kister, Kurt. „Nicht nur ein Spiel." In: Süddeutsche Zeitung vom 10./11. Januar 2026.

Klute, Hilmar. „„Die Weltmacht ist eine alte Hure'." In: Süddeutsche Zeitung vom 24. März 2020.

Klute, Hilmar. „Kriegt er seinen ‚Arc de Trump'?" In: Süddeutsche Zeitung vom 20. Oktober 2025.

Kornelius, Stefan. „Der Clan fürs Leben." In: Süddeutsche Zeitung vom 27./28. Mai 2017.

Kornelius, Stefan. „Faustrecht." In: Süddeutsche Zeitung vom 13. Februar 2020.

Kornelius, Stefan. „Man kennt sich." In: Süddeutsche Zeitung vom 27./28. April 2024.

Kreye, Andrian. „Gegen den Willen des Volkes." In: Süddeutsche Zeitung vom 2./3. Juli 2022a.

Kreye, Andrian. „Mir reicht's." In: Süddeutsche Zeitung vom 27. Mai 2022b.

Kreye, Andrian. „Tabula rasa." In: Süddeutsche Zeitung vom 18. November 2024.

Kristol, Bill. „„Der Extremismus hat unsere Gesellschaft durchdrungen' ." Interview mit Raphael Geiger. In: Stern vom 21. Juli 2022.

Kuklick, Bruce. Fascism and the American Century. Chicago: University of Chicago Press, 2022.

Landeskriminalamt Nordrhein-Westfalen, „Amoktaten – Forschungsüberblick unter besonderer Beachtung jugendlicher Täter im schulischen Kontext 2007." In: Kriminalistisch-Kriminologische Forschungsstelle Analysen Nr. 3/2007.

Large, David Clay. „Made in America." In: Süddeutsche Zeitung vom 8./9. Juni 2024a.

Large, David Clay. „Knarre und Pie." In: Süddeutsche Zeitung vom 20./21. Juli 2024b.

Lendvai, Paul. „Ich weiß die Freiheit zu schätzen." Interview mit Verena Mayer in Süddeutsche Zeitung vom 21. Oktober 2025a.

Lendvai, Paul. Wer bin ich? Wien: Zsolnay, 2025b.

Lepore, Jill. Diese Wahrheiten. Geschichte der Vereinigten Staaten von Amerika. München: C. H. Beck, 2019.

Lepore, Jill. Dieses Amerika. Manifest für eine bessere Nation. München: C. H. Beck, 2020a.

Lepore, Jill. „Trump versucht, Realität zu erschaffen." Interview mit Eva Thöne in Der Spiegel Nr. 46 vom 7. November 2020b: 134–135.

Levitsky, Steven, und Daniel Ziblatt. How Democracies Die. New York: Crown Publishing, 2018.

Lewandowsky, Stephan. „Kennedy läuft Amok." Interview mit Jakob Simmank in DIE ZEIT Nr. 36 vom 21. August 2025.

Lipsitz, George. Footsteps in the Dark: The Hidden Histories of Popular Music. Minneapolis, MN: University of Minnesota Press, 2007.

Logis, Rich. „Maga wird ohne Trump zerfallen." Interview mit Boris Herrmann in Süddeutsche Zeitung vom 29. Dezember 2025.

Lütjen, Torben. „Der gute Amerikaner." In: DIE ZEIT Nr. 50 vom 27. November 2025: 50–51.

Maffesoli, Michel. The Time of the Tribes: The Decline of Individualism in Mass Society. London: SAGE Publications, 1996.

Maier, Charles S. „Der Bruch." In: Süddeutsche Zeitung vom 10. Juli 2018.

Manthe, Barbara. „Sie sind wieder da." Interview mit Alex Rühle in Süddeutsche Zeitung vom 28. Februar 2020.

Marche, Stephen. Aufstand in Amerika. Der nächste Bürgerkrieg – ein Szenario. München: Verlag Droemer Knaur, 2022.

Marshall, P. David. Celebrity and Power: Fame in Contemporary Culture. Minneapolis: University of Minnesota Press, 1997.

Massumi, Brian. Parables for the Virtual: Movement, Affect, Sensation. Durham, NC: Duke University Press, 2002.

May, Karl. Der Schatz im Silbersee. Roman. Radebeul: Karl-May-Verlag, 1997.

Mayer, Verena. „Die Überlebenden und die Toten." In: Süddeutsche Zeitung vom 12. Juni 2025.

Mehring, Frank. „The Power of Popular Music during the 2020 Presidential Campaign." Atlantisch Perspectief 44, No. 5 (2020): 22–26. https://www.jstor.org/stable/48600593.

Mehring, Frank. „‚You Can't Always Get What You Want!' Sonic State Fantasies and the Political Use of Popular Music under Barack Obama and Donald Trump." In: U.S. American Culture as Popular Culture. Hrsg. von Astrid Böger und Florian Sedlmeyer. Heidelberg: Winter, 2023: 495–514.

Mervosh, Sarah. „Nearly 40,000 People Died From Guns in U.S. Last Year, Highest in 50 Years." In: New York Times vom 18. Dezember 2018.

Metz, Markus, und Georg Seeßlen. „Great again: Der Kulturkampf in den USA." Essay und Diskurs. Deutschlandfunk, 3. November 2024.

Mitchell, W. J. T. Picture Theory: Essays on Verbal and Visual Representation. Chicago, Ill.: University of Chicago Press, 1994.

Mitchell, W. J. T. What Do Pictures Want?: The Lives and Loves of Images. Chicago, Ill.: University of Chicago Press, 2006.

Moorstedt, Tobias. „Clickbait für die Hassenden." In: Süddeutsche Zeitung vom 1. Oktober 2025.

Mühlhoff, Birthe. „Untiefen im Aquarium." In: Süddeutsche Zeitung vom 30. November/1. Dezember 2019.

Müller, Harald. Supermacht in der Sackgasse? Die Weltordnung nach dem 11. September. Bonn: Bundeszentrale für politische Bildung, 2003.

Müller, Jan-Werner. What is Populism? Philadelphia: University of Pennsylvania Press, 2016.

Müller, Jan-Werner. „Peinliche Verwandte." In: Süddeutsche Zeitung vom 23. März 2018.

Münch, Peter. „Mit Pistole zum Gebet." In: Süddeutsche Zeitung vom 13. Februar 2023.

Münch, Peter. „Ein Colt für alle Fälle." In: Süddeutsche Zeitung vom 7. Februar 2024.

Nelles, Roland. „Die andere Seuche." In: Der Spiegel Nr. 30 vom 24. Juli 2021.

Nida-Rümelin, Julian. „Bloße Mehrheit legitimiert zu nichts." In: Süddeutsche Zeitung vom 7./8. Dezember 2024.

Norris, Pippa. A Virtuous Circle: Political Communications in Postindustrial Societies. Cambridge: Cambridge University Press, 2000.

Norris, Pippa, und Ronald Inglehart. Cultural Backlash: Trump, Brexit, and Authoritarian Populism. Cambridge: Cambridge University Press, 2019.

Nuhr, Dieter. Gibt es intelligentes Leben? 24. Aufl. Reinbek: Rowohlt, 2008.

Obama, Barack. Ein verheißenes Land. München: Penguin Verlag, 2020.

Obama, Barack. „'It's up to all of us to fix this, Obama says about democracy." PBS News Hour vom 4.April 2025. https://www.youtube.com/watch?v=J48l41l94HQ

Pease, Donald E. The New American Exceptionalism. Minneapolis, MN: University of Minnesota Press, 2009.

Pfaff, Isabel. „Abrüstung im Waffenland." In: Süddeutsche Zeitung vom 18./19. Mai 2019.

Pfeiffer, Christian. „Es gab fast immer massive Gewalt." Interview mit Anna Fischhaber in Süddeutsche Zeitung vom 28. Januar 2020.

Pörksen, Bernhard. „Trumps Handeln ist Aufmerksamkeitsterror." Interview mit Henning Rasche in Rheinische Post vom 5. Februar 2026.

Poitras, Laura. „Der Mensch ist zu unsagbarer Grausamkeit fähig'." Interview mit Johanna Adorján in Süddeutsche Zeitung vom 23. Mai 2023.

Postman, Neil. Amusing Ourselves to Death: Public Discourse in the Age of Show Business. New York: Viking, 1985.

Prantl, Heribert. „Prantls Blick." In: Süddeutsche Zeitung vom 19. Januar 2025.

Prantl, Heribert. „In Acht und Bann." In: Süddeutsche Zeitung vom 2. Januar 2026.

Pruitt, Bill. „The Donald Trump I Saw on The Apprentice: For 20 Years, I Couldn't Say What I Watched the Former President Do on the Set of the Show That Changed Everything. Now I Can." Slate, 31. Mai 2024.

Purdy, Jedediah. Die Welt und wir – Politik im Anthropozän. Berlin: Suhrkamp Verlag, 2020.

Purger, Alexander. „Das Wichtigste in der Politik ist die Unzufriedenheit." In: Salzburger Nachrichten Online vom 28. Juni 2020.

Rabe, Jens-Christian. „Tiefschwarze Wolken." In: Süddeutsche Zeitung vom 22./23. November 2025.

Ramos, Henry A. J. „Elections Matter." In: Huffington Post vom 10. August 2016.

Rauch, Jonathan. „One Word Describes Trump: A century ago, a German sociologist explained precisely how the president thinks about the world." In: The Atlantic vom 24. Februar 2025.

Rest, Tanja. „Berichten Medien zu viel über Trump?" In: Süddeutsche Zeitung vom 25./26. Oktober 2025.

Richter, Hedwig. „Die Katastrophe." In: Süddeutsche Zeitung vom 15. Januar 2021.

Riesman, David. Die einsame Masse: Eine Untersuchung der Wandlungen des amerikanischen Charakters. Mit einer Einleitung von Helmut Schelsky. Reinbek: Rowohlt, 1958.

Riesman, David. „Ist die Gesellschaft der USA von Natur aus gewalttätig?" In: Soziologenkorrespondenz – Zeitschrift der Vereinigung für Soziologie, Heft 1 (1970): 34–38 (übersetzt von Horst J. Helle).

Rollins, Peter C., und John E. O'Connor, Hrsg. Why We Fought: America's Wars in Film and History. Lexington, KY: University Press of Kentucky, 2008.

Rommelspacher, Birgit. „Was ist eigentlich Rassismus?" In: Claus Melter und Paul Mecheril, Hrsg., Rassismuskritik. Band 1: Rassismustheorie und -forschung. Schwalbach am Taunus: Wochenschau Verlag, 2009. 25-38.

Rose, Jacqueline. States of Fantasy. Oxford: Oxford University Press, 1996.

Russell Hochschild, Arlie. Strangers in Their Own Land: Anger and Mourning on the American Right. New York: The New Press, 2016.

Sahay, Lea. „Die verletzliche Demokratie." In: Süddeutsche Zeitung vom 27./28. September 2025.

Sahebi, Gilda. Verbinden statt spalten: Eine Antwort auf die Politik der Polarisierung. Frankfurt/M.: S. Fischer Verlag, 2025.

Sana, Heleno. Die verklemmte Nation: Zur Seelenlage der Deutschen. München: Knesebeck & Schuler, 1989.

Sanders, Barry. Der Verlust der Sprachkultur. Frankfurt/M.: S. Fischer Verlag, 1995.

Schachinger, Tonio. Echtzeitalter. Roman. Hamburg: Rowohlt Verlag, 2023.

Schechner, Richard. Performance Studies: An Introduction. 3. Aufl. New York: Routledge, 2013.

Scheithauer, Herbert, und Rebecca Bondü, Amoklauf und School Shooting. Bedeutung, Hintergründe und Prävention. Göttingen: Vandenhoeck & Ruprecht, 2011.

Schenz, Viola. „Aufstand in Amerika." In: Süddeutsche Zeitung vom 18. Oktober 2021.

Schindler, Jörg. „Gott will es." In: Der Spiegel Nr. 40 vom 26. September 2025: 8–15.

Schles, Ken. „Keine Gerechtigkeit! Kein Frieden!" In: Süddeutsche Zeitung vom 3. Juni 2020.

Schlögel, Karl. „Behalten wir die Nerven?" Interview mit Moritz Baumstieger in Süddeutsche Zeitung vom 29. September 2023a.

Schlögel, Karl. American Matrix: Besichtigung einer Epoche. München: Carl Hanser Verlag, 2023b.

Schmale, Holger. „Wie Jackie den Mythos Kennedy pflegte." In: Frankfurter Rundschau vom 29. Mai 2017.

Schmelter, Lukas Paul, und Joseph de Weck. „Zertrümmert die Gegenwart." In: Süddeutsche Zeitung vom 14. April 2025.

Schmidt, Marie. „Meine Fresse, deine Fresse." In: Süddeutsche Zeitung vom 29./30. Mai 2024.

Schmidtke, Armin et al. „Imitation von Amok und Amok-Suizid." In: Terroristen-Suizide und Amok. Hrsg. von Manfred Wolfersdorf und Hans Wedler. Regensburg: S. Roderer-Verlag, 2002: 91–112.

Schmieder, Jürgen. „Alles wird gut." In: Süddeutsche Zeitung vom 19. November 2018.

Schmieder, Jürgen. „Spione in meiner Straße." In: Süddeutsche Zeitung vom 30. Oktober 2019a.

Schmieder, Jürgen. „American Angst." In: Süddeutsche Zeitung vom 13. Dezember 2019b.

Schmieder, Jürgen. „Mit der ‚Glock' auf der Terrasse." In: Süddeutsche Zeitung vom 13./14. Juni 2020a.

Schmieder, Jürgen. „Paradise Lost." In: Süddeutsche Zeitung vom 26./27. September 2020b.

Schmieder, Jürgen. „Trump und wie er die Welt sieht.“ In: Süddeutsche Zeitung vom 23. Mai 2022a.

Schmieder, Jürgen. „Der Preis der Sicherheit.“ In: Süddeutsche Zeitung vom 28./29. Mai 2022b.

Schmieder, Jürgen. „Und er macht einfach weiter.“ In: Süddeutsche Zeitung vom 8. August 2022c.

Schmieder, Jürgen. „Das Geschäft mit der Angst.“ In: Süddeutsche Zeitung vom 23. August 2022d.

Schoening, Benjamin S., und Eric T. Kasper. Don't Stop Thinking About the Music: The Politics of songs and Musicians in Presidential Campaigns. Lanham, MD: Lexington Books, 2011.

Schottner, Dominik. „Das Matriarchat der Vergessenen.“ In: Süddeutsche Zeitung Plan W 01/2020: 36–43.

Schudson, Michael. The Good Citizen: A History of American Civic Life. New York: Free Press, 1998.

Schulz, Dieter. „Rothäute und Soldaten Gottes. Amerikanische Ideologie und Mythologie von der Kolonialzeit bis Ronald Reagan.“ In: Kultur und Konflikt. Hrsg. von Jan Assmann und Dietrich Harth. Frankfurt/M.: Suhrkamp Verlag, 1990: 287–303.

Seibt, Gustav. „Der neue Despotismus.“ In: Süddeutsche Zeitung vom 23. Dezember 2025.

Sisario, Ben. „Taylor Swift's Eras Tour Grand Total: A Record $2 Billion.“ In: The New York Times vom 9. Dezember 2024.

Slangen, Christoph. „Ehre, Eitelkeit und jede Menge Blut.“ In: Süddeutsche Zeitung vom 16./17. November 2024.

Slotkin, Richard. Regeneration Through Violence: The Mythology of the American Frontier, 1600–1860. Middletown, CT: Wesleyan University Press, 1973.

Smith, Mitch. „Minnesota Was Long at Odds With the Trump Administration. It's Boiled Over.“ In: The New York Times vom 7. Januar 2026. https://www.nytimes.com/2026/01/07/us/minnesota-shooting-trump-walz-frey.html

Snyder, Timothy. The Road to Unfreedom: Russia, Europe, America. New York: Tim Duggan Books, 2018.

Snyder, Timothy. „Mehr Mut, mehr Widerstand.“ In: Süddeutsche Zeitung vom 25. September 2025.

Spicer, Sean. „Press Briefing.“ The White House. 21. Januar 2017. https://trumpwhitehouse.archives.gov/briefings-statements/press-briefing-press-secretary-sean-spicer-012117

Staas, Christian. „Happy Semiquincentennial." In: DIE ZEIT Nr. 18 vom 30. April 2025.

Staas, Christian. „Ein Faschist im Weißen Haus?" In: DIE ZEIT Nr. 41 vom 21. November 2024.

Stadler, Rainer. „Unter Waffen." In: Süddeutsche Zeitung vom 21. Februar 2020.

Steinbeck, John. Die Reise mit Charley: Auf der Suche nach Amerika. München: dtv, 2007.

Steinitz, David. „Bonhoeffer, Held der Trump-Fans." In: Süddeutsche Zeitung vom 19. November 2024.

Stiglitz, Joseph. „Verliert Trump genügend Stimmen, beginnen wir die Wiederherstellung unserer Demokratie." Interview mit Simon Strauß in Frankfurter Allgemeine Zeitung Online vom 17. September 2025.

Strang, Stephen E. God and Donald Trump. Ingelheim am Rhein: Frontline, 2017.

Strasser, Hermann. Die Erschaffung meiner Welt: Von der Sitzküche auf den Lehrstuhl. Autobiografie. 3. Aufl. Amazon/CreateSpace, 2016.

Strasser, Hermann. Der Kommunikator als Architekt der Gesellschaft: Blicke, Worte, Gesten. Edition soziologie heute. Amazon/Kindle Direct Publishing, 2020.

Strasser, Hermann. Mein preußisches Jahrzehnt 1978–1989: Wendezeiten erleben, Gesellschaft verstehen. Amazon/Kindle Direct Publishing, 2025.

Strasser, Hermann, und Amelie Duckwitz. Promis im Wandel: von den Celebritys zu den Influencern. Edition soziologie heute. Amazon/Kindle Direct Publishing, 2021.

Strasser, Hermann, und Gerd Nollmann, „Amerika, hast du's besser?" In: Endstation Amerika? Sozialwissenschaftliche Innen- und Außenansichten. Hrsg. von Hermann Strasser und Gerd Nollmann. Wiesbaden: VS Verlag für Sozialwissenschaften, 2005. 11-39.

Stremmel, Jan. „Einsame Spritze." In: Süddeutsche Zeitung vom 10./11. August 2019.

Stricker, Martin. „Der nationale Notstand heißt Trump." In: Süddeutsche Zeitung vom 15. Februar 2019.

Thomä, Dieter. Unter Amerikanern. Eine Lebensart wird besichtigt. 2. Aufl. München: C. H. Beck, 2001.

Tilly, Charles. The Politics of Collective Violence. Cambridge: Cambridge University Press, 2003.

Timmerberg, Helge. „Sehr gefürchteter Herr Präsident." In: Focus Nr. 40 vom 1. Oktober 2022.

Trump-Treffen im Oval Office am 18. Februar 2025. Live-Aufzeichnung von C-SPAN.

Turner, Victor. The Ritual Process: Structure and Anti-Structure. London: Routledge, 1996.

Vahabzadeh, Susan. „Ein Mann wie Amerika." In: Süddeutsche Zeitung vom 9./10. November 2024.

von Dohnanyi, Klaus. Nationale Interessen. Orientierung für deutsche und europäische Politik in Zeiten globaler Umbrüche. München: Siedler Verlag, 2022.

von Thurn und Taxis, Gloria. Lieber unerhört als ungehört: Lektionen aus meinem Leben. München: Langen Müller Verlag, 2025.

Vuong, Ocean. „Amerika ist auf Tod gegründet." Interview mit Lars Reichardt in Süddeutsche Zeitung Magazin Nr. 19 vom 9. Mai 2025: 22–28.

Waechter, Johannes. „Jeder beginnt unten im Dreck." In: Süddeutsche Zeitung Magazin Nr. 38 vom 20. September 2019: 24–32.

Wallert, Marc. Stark durch Krisen: Von der Kunst, nicht den Kopf zu verlieren. Düsseldorf: Econ Verlag, 2020.

Walls, Jeannette. Vom Himmel die Sterne. Hamburg: Hoffmann und Campe, 2022.

Weber, Max. Wirtschaft und Gesellschaft. 5., revidierte Aufl. Tübingen: J. C. B. Mohr, 1972.

Weber, Max. Gesammelte Aufsätze zur Religionssoziologie. 3 Bände. Tübingen: J. C. B. Mohr, 1981.

Weidenfeld, Nathalie. „Sesselgeneräle, in Hitze." In: Süddeutsche Zeitung vom 10. Oktober 2022.

Wernicke, Christian. „Sich wehren, aber wie?" In: Süddeutsche Zeitung vom 13. Januar 2020.

Wetzel, Hubert. „Amok." In: Süddeutsche Zeitung vom 31. Oktober/1. November 2018a.

Wetzel, Hubert. „Erbgut-Spuren und Rechtschreibfehler." In: Süddeutsche Zeitung vom 29. Oktober 2018b.

Wetzel, Hubert. „Der zweite Bürgerkrieg." In: Süddeutsche Zeitung vom 28./29. Juli 2018c.

Wetzel, Hubert. „Es reicht." In: Süddeutsche Zeitung vom 26. März 2018d.

Wetzel, Hubert. „Ein Teil von mir." In: Süddeutsche Zeitung vom 8. November 2019a.

Wetzel, Hubert. „Blutsbande." In: Süddeutsche Zeitung vom 30. Januar 2019b.

Wetzel, Hubert. „Des Sheriffs rote Flagge." In: Süddeutsche Zeitung vom 31. Dezember 2019/1. Januar 2020.

Wetzel, Hubert. „Aus dem Weg." In: Süddeutsche Zeitung vom 4. Juni 2020a.

Wetzel, Hubert. „Mein Land." In: Süddeutsche Zeitung vom 27./28. Juni 2020b.

Wetzel, Hubert. „Bärte und Gewehre." In: Süddeutsche Zeitung vom 12. Oktober 2020c.

Wetzel, Hubert. „Erschießen oder erschossen werden." In: Süddeutsche Zeitung vom 14. Oktober 2021a.

Wetzel, Hubert. „Alles wie immer." In: Süddeutsche Zeitung vom 6. Dezember 2021b.

Wetzel, Hubert. „American Psycho." In: Süddeutsche Zeitung vom 27. Dezember 2021c.

Wetzel, Hubert. „Der Verrat." In: Süddeutsche Zeitung vom 5./6. Januar 2022a.

Wetzel, Hubert. „Kleines Wunder gegen Waffengewalt." In: Süddeutsche Zeitung vom 23. Juni 2022b.

Wetzel, Hubert, und Christian Zaschke, „America first." In: Süddeutsche Zeitung vom 3. April 2020.

Wiesner, Maria. „Ewige Faszination." In: Rotary Magazin (März 2023): 38–40.

Williams, Raymond. Marxism and Literature. Oxford: Oxford University Press, 1977.

Winkler, Willi. „An seiner Seite." In: Süddeutsche Zeitung vom 9./10. Februar 2019.

Winkler, Willi. „Das Massaker von Tulsa." In: Süddeutsche Zeitung vom 20./21. Juni 2020a.

Winkler, Willi. „Sommer der Angst." In: Süddeutsche Zeitung vom 22./23. August 2020b.

Wohlrab-Sahr, Monika. „Transitionen und Transition." In: Soziologie. Forum der Deutschen Gesellschaft für Soziologie. Heft 1 (2026): 7–14.

Wondratschek, Wolf. Früher begann der Tag mit einer Schußwunde. Berlin: Ullstein, 2019.

Zaschke, Christian. „Heiter bleiben, trotz allem." In: Süddeutsche Zeitung vom 19./20. August 2023.

Zaschke, Christian. „Zur Sache, Schätzchen." In: Süddeutsche Zeitung vom 8. Februar 2019.

Zekri, Sonja. „Terror und Tabu." In: Süddeutsche Zeitung vom 19. Februar 2020.

Zimmer, Thomas. „Die Drohungen werden konkreter." Interview mit Christina Berndt und Markus Grill in Süddeutsche Zeitung vom 24. Oktober 2025.

Zweig, Stefan. Der Amokläufer. Erzählungen. Gesammelte Werke in Einzelbänden. Hrsg. von Knut Beck. Frankfurt/M.: S. Fischer Taschenbücher, 1989.